中國的文明復興

鄭永年 著

商務印書館

中國的文明復興

作　　　者：鄭永年

責任編輯：李震東

封面設計：涂　慧

出　　　版：商務印書館 (香港) 有限公司

　　　　　　香港筲箕灣耀興道 3 號東滙廣場 8 樓

　　　　　　http://www.commercialpress.com.hk

發　　　行：香港聯合書刊物流有限公司

　　　　　　香港新界大埔汀麗路 36 號中華商務印刷大廈 3 字樓

印　　　刷：美雅印刷製本有限公司

　　　　　　九龍觀塘榮業街 6 號海濱工業大廈 4 樓 A 室

版　　　次：2019 年 2 月第 1 版第 1 次印刷

　　　　　　© 2019 商務印書館 (香港) 有限公司

　　　　　　ISBN 978 962 07 6612 1

　　　　　　Printed in Hong Kong

出 版 說 明

改革開放以來，中國經濟發展迅速，被普遍視為世界經濟史上的奇跡。短短數十載，從一個貧窮經濟體發展成為世界第二大經濟體；從一個封閉經濟體發展成為世界最大貿易國。空港、高鐵、高速公路、高樓林立，無一不體現着這個時代所創造的財富。從這個意義上，中國的確再次崛起了。

不過，當大家都在討論中國崛起的時候，人們是否明瞭中國崛起的標誌是甚麼呢？多年來，筆者在思考中國崛起時，越來越意識到，除了 GDP 的增長，還涉及至少四個相關的重要問題：中國社會道德體系的重建、全球化背景下當代中國意識形態建設、中國如何提升自己的國際話語權以及中國能否為這個世界提供另一種文化選擇。這些方面構成了人們所說的「軟力量」。今天，當人們熱衷於拿包括軍事、經濟、技術在內的「硬力量」來衡量國力的時候，是否也應當包括這些軟力量呢？討論「軟力量」已經多年了，但在計量國力的時候往往遺忘了「軟力量」。筆者認為，一個國家的硬力量固然重要，但沒有軟力量，這個國家很難實現真正的崛起。

就中國而言，沒有人會認為，簡單的金錢就可以組織和支撐起一個社會或者文明。沒有道德體系，這個社會和文明就是一袋鬆散的「土豆」。社會「共同體」衰落了，何來文明的復興呢？當代中國的兩種顯著並存的現象就是：一方面是改革開放以來經濟高速發展；另一方面是社會道德體系的解體。那麼，如何重建中國的社會道德體系就變得迫在眉睫了。

　　再者，改革開放以來，中國領導人全力推進全球化進程，把中國融入全球體系看作是中國成為強大民族國家的必經之路。在這個過程中，隨着中國共產黨本身的意識形態轉型，中國社會層面的意識形態多元化，呈現出百花齊放的局面。如何通過廣泛討論達到社會的共識，確立社會的共同價值，這也應當是中國意識形態建設的重要內容。

　　在國際層面，目前中國提升國際話語權的有利因素主要是經濟實力的增長，不利因素主要在於其與西方（美國）不一樣的市場經濟、政治制度和意識形態。因此，中國提升中國話語權的難點在於如何讓中國能夠被世界尤其是西方所理解，如何讓國際社會相信中國的崛起是對這個世界有利的。近年來，無論是大國外交還是周邊外交，中國都發生了巨大的變化，從「韜光養晦」轉向「有所作為」。不過，在西方社會看來，中國外交開始具有了「自信性」，甚至「進攻性」。一些國家，尤其是那些和中國存在領土和領海糾紛的國家把中國視為直接威脅。崛起的中國和外在世界的這種互動也使

得中國的外交環境發生着很大的變化。這些也都表明中國迫切需要明確的大外交戰略。

任何一個文明的核心就是文化體系，沒有一個強大的文化體系，很難說是一個強大的文明。也就是說，中國文明復興的關鍵就是中國文化體系的創造。中國能否為這個世界提供另一種文化選擇？我們基於中國文化之上如何去創造一個和西方不同的但又可以成為除西方之外的另一種文化選擇的文化？這裏，筆者強調三個「解放」，即從「思想和思維」的被殖民地狀態中解放出來，從權力狀態中解放出來，從利益狀態中解放出來。最後，筆者還是相信，中國可能也能夠再次發展出一種新的文化範式，一種能夠容納和整合其他宗教文化而又能夠保持自己世俗文化性質的文化體系。要不被消解，要不再次重生，中國的選擇並不多，如果不想看到前一種情形，那麼就必須重生。

本書是對早先出版的《通往大國之路：中國的知識重建與文明復興》中論述中國文明復興的部分重新調整梳理，並把近幾年的進一步思考收錄在一起遂成此書，以饗讀者。

鄭永年

2018 年 3 月

目　錄

第一章

中國社會道德體系重建

一、金錢社會與文明不安全

金錢是萬能的？

改革開放以來，中國在經濟發展方面創造了一個世界奇跡，在短短的數十年時間裏，從一個低度發展的貧窮經濟體躍升成為世界上第二大經濟體；從一個封閉經濟體轉型成為世界上最大的貿易國。高鐵、高速公路、機場、港口、城市樓房林立，無一不反映出這個社會所創造的財富。正是在這個意義上，人們預見着中華文明的復興或者再次崛起。

然而，在物質財富崛起的同時，中國社會也在快速並且和平地演變成為一個赤裸裸的金錢社會，人們在獲得了前所未有財富的同時，也面臨着前所未有的不確定性。面臨不確定性的不僅僅是社會底層尤其是窮人，而且覆蓋了社會的各個羣體。實際上，較之窮人，富人、官員和知識

界具有更大的不確定性，因為這些羣體是這個社會最大的「利益相關者」。

不確定性説明了甚麼？財富的增加和積累，並沒有導致中國社會這個「共同體」同樣的發展；相反，越來越多的人感覺到這個「共同體」在衰落，這個社會「共同體」在抽象層面可以稱之為「文明」。如果這個「共同體」衰落了，何來文明的復興呢？

為甚麼財富的增加會導致不確定性？為甚麼財富的增加會導致社會「共同體」的衰落？為甚麼財富的增加會導致文明的不確定性？歸根到底，所有這些問題的核心就是一個社會或者一個文明的根基問題。

財富對一個社會或者一個文明的重要性不言而喻。「貧窮就會挨打」仍然是硬道理。但除了財富，支撐一個社會或者文明還需要「軟力量」，即道德體系。沒有人會認為，簡單的金錢就可以組織和支撐起一個社會或者文明。沒有了道德體系，這個社會和文明就會是一袋鬆散的「土豆」。不管怎麼説，更多的人會認為，較之金錢，道德體系才是一個社會或者文明的主體。

從世界歷史看，人們並不用過於擔心舊的道德體系的衰落。道德體系並非固定不變，而是隨着時代的變化而變化。因此，世界各文明在一定的歷史階段都會面臨道德體

系重建的問題。中國的問題也並不在於財富的增加，不在於道德的衰落，而在於金錢變成了道德最重要的衡量器，或者金錢本身被視為了「道德」。

為甚麼會造成這種局面呢？可以從如下幾個方面來理解：

首先是政府方面的因素，即改革開放以來長盛不衰的GDP主義，或者說，過度追求經濟的增長而忽視了社會建設。比較地看，改革開放以來所引入的市場經濟是一種最為原始的資本積累過程。

在中國，市場經濟發展過程出現了「一切為了資本」的現象，無論是民營資本或者國有資本，都把金錢推到如此高的程度。正因為這樣，近年來隨着經濟下行，當政府轉向經濟結構調整時，很多政府官員表現出無所適從，不知道該做些甚麼。除經濟之外，中國的社會和政治建設有太多的事情可以做。政府官員無所事事就是GDP主義的精神遺產。

其次，商業對社會的控制甚至遠超政府，對社會道德的解體產生了政府產生不了的作用。政府對社會的控制往往是硬控制，很容易被人們感覺到，但商業對社會的控制往往是軟性的，靜悄悄的和和平的。

對大多數人尤其是年輕一代來說，需要甚麼、不需要

甚麼，再也不是自己所能決定的，而是由商界決定的，因為人們能夠取得甚麼資訊、不能取得甚麼資訊，並不取決於自己而是商界，像阿里巴巴、騰訊和萬達等大企業。可以說，今天的中國已經形成了真正的「供給側經濟」，即供給產生需求，而非相反。

再次，金錢崇拜風盛行。今天，金錢崇拜已經儼然成為名副其實的「國教」。法國社會學家勒龐曾在其《烏合之眾》中寫道：「羣眾相信一切不可能的事情、相信一切不合邏輯的事情、相信一切不合情理的事情、相信一切不存在的事情，但唯獨不相信現實生活的日常邏輯。」就中國社會來說，還可以加一句，一旦和錢發生關係，羣眾就沒有了任何邏輯，甚麼都信。

這很容易解釋一而再、再而三發生的各類「理財風波」。發財風流行全國，深入到社會的各個階層和角落，就給那些唯利是圖、被稱為「騙子」的人有太多的機會到處「招搖撞騙」，用他們的演說技能為有關組織和商家站台，輕易地騙取「信眾」的錢財。

這些年來，不知道發生了多少騙局，並且一旦發生一個騙局，這些騙子就廣受指責。但問題在於，為甚麼這些騙子還不斷被那麼多的組織和商家一而再、再而三地邀請，為甚麼還有那麼多的「信眾」呢？要知道，這些騙子

都是相關組織、商家、信眾養着的。這些組織有些並非民營企業和商家，而是國營事業單位。

命繫一「錢」的中國社會

社會精英和大眾心靈的腐敗導致了社會處於一個最不安全的狀態。中國社會可以說是命繫一「錢」。人們只認錢，不認人。為了錢，甚麼都可以做；但有了錢，就來了不安全。老百姓仇官，因為「官」經常是「錢」的工具。官員積聚了太多的房子，不敢公佈財產。老百姓仇富，因為商界有的掙錢不講任何道德。一旦有了錢，商人就感到不安全，開始到處奔走。

很顯然，要改變這種不安全狀態，各方都需要反思以改變自己的行為。首先，政府需要反思，因為政府在社會發展過程中所扮演的作用至為關鍵。政府必須理清楚金錢和權力之間的關係。金錢在何種程度上能夠維繫社會和穩定？GDP 主義橫行，儘管經濟發展了，但官員腐敗了，社會整體腐敗了。

現在提倡「正能量」並沒有錯，但政府的手段適得其反。例如網絡管控。管控是需要的，但管控方式卻值得商榷。基本上，執政黨所鼓勵的「正能量」反而得不到釋放。

網絡中的有政治思想問題內容的刪除，把控無論是系統自動刪除，還是人工刪除。有關部門鼓勵社會互相舉報的方法更導致了「精英淘汰」狀態的出現。

　　與此同時，社會的渣滓成分就乘機浮上枱面，各種「負能量」的謊言、低俗的東西充斥着網絡的各個角落，無人管理。結果怎樣呢？社會上許多謊言大行其道，而有些真話卻成了「過街老鼠」，這種情況使人感到無望。一個社會就如一座大廈，謊言最終支撐不了這座大廈；大廈一旦倒塌，沒有人可以倖免。

　　企業需要反思，搞清楚金錢和企業之間的關係。財富的最終目的是甚麼？企業如果毫無社會責任感，企業的發展必然是不可持續的。企業是社會的一部分，社會倒了，企業必然倒。當錢的多少成為衡量一個企業是否成功的唯一標準的時候，企業的不安全感並不難理解。現實情況是，企業家一方面不顧一切地賺錢，但一賺到錢就需要馬上跑路，為自己和錢尋找安全居所。

　　一般社會羣體也推卸不了責任，需要反思自身和金錢的關係。權力和資本的橫行是有社會基礎的。人們說，有甚麼樣的人民就會有甚麼樣的政府；同樣，有甚麼樣的人民也會有甚麼樣的資本（企業）。人們不應當光指責權力和資本，也應當反省自己的社會道德在哪裏？

中國傳統上有五種基本人際關係，即君臣、父子、夫妻、兄弟、朋友。除了君臣關係之外，其他四種現在都在。不過，它們在今天已經演變成甚麼樣的關係了呢？君臣關係沒有了，但上下級關係又怎樣呢？君臣表現為忠誠，但今天的上下級關係更多地表現為金錢關係，甚至連忠誠也是關乎金錢。賣官、買官、團團夥夥不是金錢關係嗎？除了赤裸裸的金錢關係，或者可以間接地轉化成為金錢關係的，還有其他甚麼關係呢？簡單地說，就是道德淪喪。當為了金錢甚麼都可以做的時候，人人都是不安全的。

傳統上，中國文化是一個最講究平衡的文化。在長達數千年的農業社會歷史中，中國社會基本實現了各方面的平衡，包括經濟和道德。今天，當中國社會進入一個真正商業文明的時代，文明的發展則失去了方向。這無疑是對文明的真正考驗。從各種文明的演化來說，金錢構成不了文明。西方在從中世紀的宗教社會轉向近代工業（商業）文明過程中，金錢扮演了很重要的作用。

赫希曼在其名著《激情與利益》中對這種作用作了充分的討論。中世紀的西方社會過分道德化（宗教化），與商業革命相關聯的經濟理性剛好平衡了來自宗教的激情。當代的中國剛好相反，當商業革命導致了整個社會對金錢的「激情」的時候，這個文明就迫切需要引入道德來實現平衡了。

道德、文化、價值是任何一個文明的核心之所在，而金錢從來沒有產生過這些，也產生不了這些。現實中國社會的邏輯是：社會越富裕，道德越墮落。當人們沉醉於中國新（商業）文明崛起的時候，很容易被假象所迷惑。

　　高樓大廈僅僅是文明的表象，如果沒有新的道德體系的出現，不管多麼輝煌的大廈，也會找不到其意義之所在。文明的崛起和文明的解體，這兩者之間沒有明確的邊界；如果沒有對崛起的深思熟慮，崛起就有可能意味着衰落。

中國年輕一代的金錢膜拜，誰之過？

　　曾經有武漢的大學生給很多中國人一個似乎是「驚世駭俗」的道德判斷：白毛女應當嫁給黃世仁（地主）；只要有錢，年紀大一些不要緊。於是乎，在中國引起了一場具有道德高度的爭論，無論是在傳統媒體還是在互聯網。中國道德衰微的狀態已經持續了一段時期，很多人對此不滿，借這個機會出來說些話可以理解。但是，也同樣令人驚訝的是，參加爭論的人的傾向性非常一致，那就是指責年輕一代；他們的結論也同樣具有一致性，那就是年輕人沒救了。

國人具有根深蒂固的不檢討自己而只會指責別人尤其是下一代的傳統。每當有這樣的不符合傳統道德價值的事情發生的時候，總會有道貌岸然的人站出來發表道德高論，似乎他們就是道德的代表和化身。但指責下一代的人往往有意或無意地忘記了提這樣一個問題：誰應當對道德的衰敗負責？從年輕人成長經歷的視角看，要對年輕人道德衰敗負責的不是年輕人本身，而是造就道德衰落的老一輩。

　　任何人的道德價值觀不是與生俱來的。道德是社會化的結果，是社會灌輸的產物。中國改革開放之後成長起來的年輕人中間（無論是「80後」還是「90後」）盛行權錢崇拜和道德虛無主義的現象也是事實。但同樣重要的是要意識到，年輕人是被「培養」出來的。換句話說，年輕人對「權」和「錢」的崇拜意識是他們生長的環境所導致的。

　　權錢崇拜和道德虛無並不是新現象，改革開放一開始就有了。在改革開放前，中國經濟尚未崛起，人民的生活水平低下。當時的人們儘管維持着在今天的人看來一種較高的道德水平，但這是一種不可持續的道德水平。因此，改革開放後，已經難以承受「貧窮」的一代開始了致富的過程。中國的改革開放似乎沒有遇到很大的阻力，和當時中國人的普遍「貧窮」狀態有很大的關係，即窮則思變。

金錢很快就取代了往日的道德作為人們價值的座標之一了，金錢主義毫無困難地盛行起來。道德衰落了，有了錢就可以為所欲為。於是乎，人們有了金錢崇拜。

在嚐到了初步富裕的果實之後，中國人馬上接受了以金錢為核心的「利益」概念。中國社會的基礎很快就從意識形態（或者道德）轉移到了利益。官方的很多政策在這個過程中扮演了一個主要的角色。最明顯的就是「GDP 主義」，在很長的歷史時期裏，經濟的增長成為了衡量各級官員的重要指標。GDP 主義已經高度制度化，儘管最近幾年中國政府想努力扭轉單向面的 GDP 主義，但成效並不大，可見各級官員的金錢主義概念根深蒂固。（應當指出的是，GDP 主義是通過犧牲下一代人的利益來滿足這一代人的利益的。）

官員的腐敗更顯示出道德的衰落。從金錢腐敗的數量來說可見一斑，已經從 20 世紀 80 年代的幾千、幾萬到 90 年代的數百萬發展到今天的數千萬甚至數億元。權通過腐敗轉化成錢和財富。在這樣的環境下，要下一輩不產生權力崇拜的心理實在是非常之難的。更為嚴重的是，在歷史上，負責治理並且承擔着教化功能的政府部門這些腐敗，其本身也成為了道德衰落的主要的力量。

權和錢各自驅使着道德的衰落，而權和錢之間的互相

交易功能更是加速着這個進程。對年輕一代來說，無論是「權」也好，「錢」也好，只要能夠得到其中的一個，或者和其中的一個靠上邊，就有了自身的價值。

除了權和錢之外，同樣嚴重的是中國社會經濟結構也在迫使年輕人產生權錢膜拜。在具有高度流動性的社會裏，道德的主體是個人。要一個個單獨的個人變成道德人，就要給他們予希望。如果個人可以通過自己正當的努力，實現自己的希望，那麼這個社會必然具有一定的道德水平。但如果個人失去了這個希望，或者説無論通過自己怎樣的正當努力也實現不了這個希望，那麼道德概念就會消失得無影無蹤。從很多方面來說，中國的年輕人正處於這樣一個道德的困境。

例如住房問題。住房是一個人的基本生存空間。古人把「居者有其屋」和人的道德聯繫起來是很有道理的。如果人沒有一個基本的生存空間，道德又能基於甚麼呢？中國二十多年房地產發展現狀，非常有效地扼殺了年輕人的這個「空間」希望。有關方面始終沒有有效的具有長遠眼光的房屋政策，「權」和「錢」操縱、主宰人們的居住空間。對今天中國的大多數年輕人來說，在飛漲得毫無止境的房價面前，光靠自己的努力是很難得到一個體面的生存空間的。在這種情況下，沒有人可以責怪他們對權錢的崇拜，

因為權錢是他們得到生存空間的工具。

教育也是一個例子。這些年，人們發現大學畢業生和農民工的工資和收入水平有拉平的趨向，甚至也發生農民工的水平較大學生高的情況。這和從前的「腦體倒掛」的情況不同，因為那時「腦體倒掛」情況的產生是因為人為的控制。在今天市場機制調節勞動力市場的情況下，這種情況的產生只能說是中國教育體制的問題。人應當接受盡可能多的教育，這應當說是一個基本的道德判斷。但當接受教育和不接受教育兩者的工資和收入水平拉平甚至更低的情況下，道德就必然要被虛無化。而年輕人所接受的教育，又不是年輕一代本身所能控制的。

實際上，越來越多的跡象表明，中國的年輕一代面臨越來越大的困境。中國的改革開放曾經造就了一個開放的體制，給予年輕人希望。但現在整個社會似乎被各種既得利益所分割，他們把持着各個領域，社會的開放度較之改革之初越來越小。從前是控制扼殺年輕人的希望，現在則是自由扼殺着他們的希望。年輕人很自由，不過就是機會少。儘管也不時會有年輕人為自己找到一條出路（正當的手段和不擇手段的馬基雅維利主義，包括對權和錢的依附和屈從），但對很多年輕人來說，希望則是越來越少。

在此情況下，道德從何而來？不能說國家對道德不夠

重視。中國方方面面的話語仍然充滿着各種道德說教，但對年輕一代來說卻作用不大。道理很簡單，他們所讀到的道德教條和他們所看到的現實，兩者的差異實在太大。高不可及的道德教條和道德衰落的現實生活反而加深了年輕人對道德的懷疑和價值虛無主義。在很大程度上說，年輕一代是幸福的，但也是悲哀的。他們生活在一個自由和物質主義的社會，但這個社會價值混亂、道德衰落。不過，感到更加悲哀的應當是老一代，因為是他們和他們造就的社會培養了年輕一代。老一輩否定了自己，更否定了新一輩。

提出價值和道德衰落問題絕對是好事情。但要意識到，出現這些社會現象不僅僅是道德價值的問題，而是有其更深刻的社會環境和制度背景。從更高的層次來說，這個問題關乎一個國家和民族是否可以生存和可持續發展的問題。道德來自希望，對未來的希望。抱怨、指責和譴責新一代毫無用處，如果要對下一代負責，那麼就要為下一代營造一個能夠使他們感覺到希望的社會和制度環境。而這又是誰的責任呢？

二、中國社會到了道德重建的時刻

中國的 GDP 主義及道德體系的解體

當代中國的兩種顯著的並存現象是：一方面是過去近四十年取得了高速經濟發展，創造了世界經濟史上的奇跡；另一方面是社會道德體系的解體。這兩種現象都可以指向同一個根源，那就是盛行不止的 GDP 主義。

中國的經濟發展和增長以 GDP 來衡量，GDP 主義也是中國發展和增長的最主要政策根源。很長時間以來，GDP 主義是中國政府刺激經濟發展的一整套政策。政府確立一個量化了的發展目標，再把這個目標「科學地」分解，落實到各級官員。很自然，GDP 的增長成了官員升遷的最主要指標。從這個角度來說，人們似乎很難指責各級官員，因為 GDP 指標是這些官員生活其中的政治體系運作的內在部分。當然，對各級官員來說，GDP 不僅有政治利益，而且也有經濟利益。經濟發展了，各級官員也就可以獲得具有實質性的經濟利益。盛行多年之後，GDP 主義發展到現在已經成了一種牢不可破的意識形態。在過去很多年裏，中央政府力圖扭轉 GDP 主義的局面，提倡

科學發展觀，但都沒有很好的效果。

GDP 主義產生的 GDP 可以估算，但沒有任何辦法來估算 GDP 主義的社會成本。很多人已經明白 GDP 主義所產生的一系列負面的社會效果，例如收入分配不公平、社會分化、勞工權利得不到切實保障、環保惡化等等。但最大的社會成本莫過於社會道德體系的解體了。社會是一個共同體。社會之所以能夠成為一個共同體，是因為存在着所有成員都能理解、接受的道德體系。每一個人不僅自己這樣行為，而且也預期其他共同體成員也有同樣的行為。但今天的中國社會顯然並不如此。筆者已經多次論及中國社會羣體之間和人與人之間的信任危機，其核心的問題就是道德體系的解體。

那麼 GDP 主義如何導致社會道德體系的解體呢？GDP 主義的核心就是促成所有事物的貨幣化，或者如馬克思所說的「商品化」。中國在毛澤東時代是不講商品化的。所有的東西都是政治化的，就是通過政治權力來加以分配。因為排斥市場機制，經濟得不到有效發展。改革開放之後，重新確立了市場經濟（20 世紀 80 年代叫「商品經濟」）。市場機制導致資源的有效配置，大大促進了經濟的發展。沒有市場機制的引入，就很難想像中國經濟的成功。

問題出在經濟發展和社會發展的嚴重失衡，導致了從「以人為本」到「以錢為本」的轉型，在現實生活中，錢變成了衡量人的價值的唯一標準。從經濟學意義上講，資本的最大功能就是要把一切社會關係轉變成為商品和貨幣。政府或者其他社會組織（例如宗教）就要扮演一個重要角色，或阻止貨幣化，或者減少貨幣化對社會道德的衝擊。但我們的各級政府管理部門在這方面不但在保護社會方面未能發揮積極有效作用，反而卻在實際中充當了資本的有效助手。

　　可以從兩方面來看，首先是協助資本加速社會關係的貨幣化。在這方面，各級官員「發明了」很多的方式。很多地方，政府會千方百計地利用一切盡可能的方法（包括非道德或者對道德有非常負面的影響的方法）來促進地方經濟的發展。官員種種形式的腐敗也是推動社會關係貨幣化的力量。更為重要的表現是權力和資本結合在一起，拼命壓低勞動者的工資收入。

　　在任何市場經濟社會，人們必須商品化或者貨幣化的就是自己的勞動力。這是任何一個個人和整體社會和經濟的結合點。這也就表明，人們出賣的勞動力必須在最低限度上足以維持他們的生計、生存並在此基礎上得到有所發展。但在資本和權力的操控下，勞動力卻變成了最不值錢

的東西。例如，在發達國家的企業，工資在營運成本中一般佔 50% 左右，但中國的企業則不到 10%。在發達國家，勞動者的勞動報酬在國民收入中佔的比重一般在 55%，但在中國這個比例不足 42%。

這種情況一方面促成了收入的高度分化，使得財富集中在很少一部分人手中。財富過分集中，本來就是社會道德衰落的一個重要根源。更為重要的是因為出賣勞動力不足以維持生計和生存，人們便不得不出賣其他一切可以出賣的東西。當然，偷盜、搶劫、劫富濟貧和種種為了生計而衍生出來的暴力行為在當事者那裏也具有合理性了（儘管是非法的）。

GDP 主義惡劣的另一方面就是各級政府官員幫助資本摧毀了舊的社會保障機制，卻沒有建立起新的社會保障機制，使得社會成員被投入到一個不確定的市場社會中去，道德也無從談起。

在世界範圍內看，任何社會的高速經濟發展都會對這個社會的道德體系產生深遠的影響。西方社會的早期發展也是一樣。人們發現，不僅大規模的社會抗議運動是市場社會的產物，而且人對自身的暴力（如自殺）也和社會的市場化有關。正因為如此，政府必須提供社會保護機制。這是西方社會產生社會政策（包括社會保障、醫療、教育、

勞動工資，等等）的背景。

這裏必須指出的是，政府提供社會保護機制並非是為了反對資本；恰恰相反，社會保護機制一方面是阻止和減少貨幣化和商品化對社會的衝擊，但同時也是為了資本的更具人性的運作。從這個意義上說，在西方，是社會保障制度的產生在拯救了市場經濟的同時促成了市場經濟的轉型。

實際上，在 GDP 主義指導下，社會保障根本不是政府官員所考慮的主要議程。恰恰相反，社會領域的貨幣化成了各級政府 GDP 增長的主要來源。

在西方，20 世紀 80 年代以後開始盛行的新自由主義主要表現在生產領域，即一些公共部門的私有化；在公共服務領域，私有化則遇到了強有力的來自民主力量的抵制。但在中國，情況剛好相反。新自由主義在生產領域尤其是國有企業領域，遇到了既得利益的有效抵制；但在社會領域則因為政府有關部門的失責而大行其道。這表現在包括醫療、教育、住房（和與此相關的土地）等等在內的社會領域。一個簡單的事實是，無論在發達社會還是後來新興的經濟體，在這些方面，都是要求政府大力投入的；但在中國大陸，這些本來是公共服務的領域則成了政府和企業暴富的來源。換句話説，在 GDP 主義侵入和主宰了

社會領域之後，不少的 GDP 都是血淋淋的了。

　　很多人在為中國的高速經濟發展感到驕傲的同時，往往忘記了為這樣一個事實而感到羞恥：包括印度在內的很多經濟發展水平和發展速度不如中國的發展中國家，其社會服務的水平要高於中國。

　　經濟發展（錢）本來是要服務於人的工具，但現在則成了目標。在沒有相應的社會保護機制的情況下，對普通人民來說，把包括自己身體在內的所有東西貨幣化變成了維持生計的辦法。但當所有東西都被貨幣化了之後，人也就成為了一個沒有靈魂的追求金錢的工具。或者說，當一切都貨幣化了之後，何處能夠寄存人的靈魂呢？很自然，在所有東西都被貨幣化了之後，也就沒有任何東西可以來拯救人的靈魂了。

　　但現實是，人畢竟是社會的產物，具有社會性。人不可能完全被貨幣化。貨幣化和反貨幣化體現在當代中國人內在的衝突。當這個衝突變得不可解決之時，各種暴力（包括對自身的暴力）就變得不可避免。不過，反貨幣化力量的存在也表明了社會道德重建的可能性。對中國而言，關鍵在於在大規模的社會抗議運動或者社會動盪出現之前，能否有足夠的時間來重建社會道德體系？在這個過程中，政府又能扮演一個甚麼樣的角色呢？但很顯然，如

果不放棄 GDP 主義，無論政府作甚麼樣的選擇，除了加速道德體系的解體，在社會政策方面都只會背道而馳。

道德體系解體與中國人的生存危機

今天，沒有多少人會去懷疑中國社會的道德體系全面解體現狀。不用去說這些年來種種聞所未聞的非道德事件了，曾經在廣東佛山所發生的一件事情已經足以表明這個問題的嚴重性了。這個事件對整個社會產生了巨大的震撼力量，社會羣體紛紛以各種方式表示關注。人們是否在作真正的內心道德譴責不得而知。但即使有，光有內心道德譴責已經遠遠不夠。那麼多年來，類似的事件，每年、每月甚至每天都在發生，只不過是發生方式不同罷了。每當類似的事件發生，社會也會譴責一番，反思一番。但最終，譴責也罷，反思也罷，必然積累成為一大堆憤怒。事件一過去，憤怒也很快消散，人們也就忘得一乾二淨，沒有在個人層面或者社會層面，留下任何個體的或者集體的記憶，更不用說是作任何真正有意義的道德思考了。很容易理解，在這樣的情況下，社會道德狀況不但沒有進步，反而在急劇地每況愈下。

在社會的記憶力越來越差的情況下，有必要再簡單敍

述一下該事件的經過。這裏引用《京華時報》2011 年 10 月 17 日的一則題為「女童遭碾壓十餘路人不救　農婦施援手稱不怕被冤枉」的報道。

兩歲的小悅悅（化名）剛從幼稚園回來，媽媽收衣服去了。像往日一樣，小悅悅一個人在家門口的巷子裏玩耍着，厄運突然降臨，一輛迎面駛來的麵包車猛然加速，將悅悅撞倒捲到車底，右側車輪從悅悅胯部碾過。司機停了一下車，又加油門開走了，後輪再次從悅悅身上碾過。

痛苦的悅悅已無力大聲呼喚媽媽，更無力掙扎。一個目擊者從她身邊走過，看都沒看她一眼。又有兩名路人從悅悅身邊經過，同樣漠然不理。這時，一輛小型貨櫃車開了過來，司機好像沒有看到地上的悅悅，再次從她身上碾過。此時的悅悅已經一動不動。接下來的 5 分鐘更像一場噩夢，有十多位路人從悅悅身邊走過，每個人只是看了看，沒有人伸出援手，哪怕是打個電話求助。路邊的店舖裏似乎也忙得不可開交，沒有人出來看一眼。就這樣，先後 18 人從悅悅的身邊走過。

生死關頭，一位身材矮小的撿垃圾阿姨發現了悅悅，她立刻放下手上的麻袋，試圖扶起悅悅，但悅悅已經癱軟。阿姨只好把悅悅從路中間挪到路邊上，然後向四周呼救。仍然沒有人出來，阿姨向巷子裏跑去，幾秒鐘後，悅

悦的媽媽跑過來，驚慌失措，她抱起血泊中的悦悦，瘋一般地衝向了醫院。

人們一般認為，在世界上，中文是一種表達人類情感的最好語言和文字，無論是恨還是愛，無論是頌揚還是鞭笞。但對上面這些文字所描述的非道德行為，人們已經找不到確切的詞彙了。有人說，冷漠、兇殘、無恥、暴虐、滅跡人性、慘絕人寰，所有這些能夠在中國的詞典裏找得到的詞彙都不能表達人們心中的感受。很容易理解，這次事件把中國社會的社會憤怒推到了一個新的高點。

社會的憤怒情緒可以理解，也是道德存留的證據。不過，人們是否意識到了，中國的道德危機正在很快演變成為社會個體的生存危機。危機已經深入到人們社會生活的各個角落，危及到每一個人的生命。危機不僅僅是深刻的社會信任問題，例如你所吃的食品是否含毒，醫生是否為你看病，司機是否能夠把你安全帶回家，而是演變成為在你彌留或者絕望之際是否會得到最後一刻的幫助。如果當一個人在彌留之際、在絕望之際，所得到的不僅不是幫助，而是像兩歲的小悦悦所得到的，那麼任何人的確應當感到恐懼。很顯然，這樣的事情，很可能在某個事件、某個地點，以某種方式發生在你身上。

這是比任何東西都可怕的一件事情。在任何一個社

會，任何一個組織倒下了，並不要緊，因為只要有社會存在着，人們可以找到替代組織。例如，如果一個政黨發生危機了，人們不用驚慌，這不僅僅因為並不是每一個人都是這個黨的成員，而且也是因為這個政黨倒下了，人們還可以組織另外一個政黨或者一個不叫政黨的組織。在近代政黨產生之前，人類不是也生存了數千年了嗎？在一個社會內，不同的人們用不同的方式來組織自己，追求一些特殊的生活方式，這是人類社會的特點。當然，前提必須是存在着一般意義上的社會。

甚至國家發生危機了，也不要緊。國家是任何一個社會最重要的組織形式，德國哲學家黑格爾因此給予國家至高無上的地位。不過，國家還是比不上社會重要。例如，猶太民族在沒有自己的國家的情況下，生存了數千年。只要社會在，生活於這個社會之中的成員必然可以找到一種適合自己生活的組織方式，國家只是其中一個組織而已。

但一旦社會道德體系解體，人的生存危機就來臨了。社會之所以成為社會，就是因為存在着凝聚社會成員的道德體系。歷史地看，任何制度都是道德價值的外化表現。世界上，不同的宗教、文化和價值體系決定了不同的制度體系，而不是相反。

正因為這樣，13 億人的確應當認真反思類似小悅悅

那樣的非道德事件。這不僅僅是為了這個社會，為了他人，更重要的是為了每一個個體自身。理由很簡單，社會道德體系一旦解體，這樣的事件隨時可能發生到任何人身上，無論是富者還是貧者，無論是有權者還是無權者。任何一個人，如果要避免成為道德體系解體的受害者，就不要成為加害者，不要成為對非道德事件的漠視者，不要成為冷嘲熱諷者，更需要檢討自己的行為。在這樣一個事件中，人人都可以成為加害者，人人也可以成為受害者。

首先，各級政府官員應當反思。自改革開放以來，中國已經創造了一個又一個的人類奇跡，數十年的高速經濟增長、數億人脫離了貧窮、高鐵、奧運會、世界博覽會、孔子學院，等等。所有這些構成了一些人津津樂道的中國震撼。但是，為政者是否想過中國社會已經變得怎樣了呢？近四十年來，人民辛辛苦苦，兢兢業業，為的是創造一個更能適合他們生存和發展的社會。但是今天會有多少人說，這個社會正是他們所期望的呢？各級政府官員在追求 GDP 的同時是否也在急速地破壞着人們賴以生存的社會呢？道德儘管是「私」領域的事情，但政府組織或官員是否要為道德體系的解體負責呢？公共秩序是政府存在的最基礎的責任，現在連這個公共秩序都維持不了，還要政府組織和官員幹甚麼呢？中國的崛起震撼了世界，中國

社會的道德體系的解體也震撼了世界。世界各大媒體都在傳播像小悅悅那樣的事件，其對人們所產生的負面影響需要多少次奧運會、多少回世界博覽會、多少個孔子學院、多少點 GDP 所產生的正面影響來彌補呢？或許，永遠不可彌補。只要是人類社會，人是價值的終點。人沒有了價值，那麼其他所有的一切，不管多麼輝煌，都是虛空。

中國的有權有勢者更應當反思。類似小悅悅這樣的事件發生在中國社會的底層，引發了那麼多人的同情心。但如果類似的事件發生在有權有勢階層，中國社會會怎麼樣？因為過去數十年社會「異化式」的發展，中國已經形成了各種各樣的「仇官」、「仇富」風氣。有錢有勢者當然不會以如此「底層」的方式成為受害者。但是，他們也很可能會隨時以其他比較「高級」的方式成為受害者。以往的經驗表明，他們往往是加害者，用權用勢來加害於社會的弱者。正因為如此，他們往往不但不能得到社會的同情，反而會成為社會底層憤怒爆發時的受害者。中國歷朝歷代的農民起義中，有多少皇家貴族、達官貴人被宰殺、被虐待，有人去同情他們嗎？當代中國社會的富二代、官二代，出了事情，有人去同情他們嗎？有權有勢者應當向自己提一個問題：生活在一個道德體系解體的社會安全嗎？如果不安全，那麼就不要再以各種方式加害社會，同

時，也必須為社會建設擔負起責任。

　　中國的立法者尤其應當反思。實際上，類似「小悅悅」這樣的非道德事件一而再、再而三地發生，首先應當蒙羞的是中國的立法者。在任何社會，立法的最終目標是揚善抑惡，維持社會秩序。改革開放以來，立法者已經通過了多少個意在促進經濟發展和增長的法律和法規，但又通過了多少個意在社會建立的法律和法規呢？在種種由食品安全導致的人命案例中，加害者得不到懲罰，而受害者得不到正義。在一些事件中，揚善者不僅得不到獎勵，反而往往受到懲罰，例如已經發生了多起扶起倒地老人，反而成為被告、受到懲罰的事件。在各個領域，人們很容易提出一大堆這樣的事件來。那些沒有足夠的證據而把倒地老人扶起來的善者告上法庭的人，那些在食品中加毒（無論以何種方式）的人，不應當受到嚴厲的法律懲罰嗎？在所有類似的事例中，光訴諸於道德是遠遠不夠的，立法成為必要。正是因為中國的立法不能懲罰不道德的行為，反而助長了更多不道德的行為。

　　中國的媒體在這一系列非道德事件中也需要承擔責任。大眾媒體擔負着大眾教育的責任，如果媒體要擔負起這個責任，社會責任感是前提。很顯然，中國的媒體已經具有強大的新聞炒作的功能，但沒有社會責任的影子。不

難理解，中國的媒體在探討應當討論的話題方面仍然面臨巨大的制約，但這並不妨礙媒體走向那些管理層忽視的領域（例如道德領域）進行大肆炒作。而對某一事件進行炒作的時候，媒體只有利益概念，而無道德概念。更進一步，因為沒有道德概念，媒體已經成為一些人製造不道德的有效平台。一度熱鬧喧囂的「郭美美」事件是一個典型。不過，通過媒體這個平台的炒作而一夜成名的案例是層出不窮。

那麼中國的學界和知識界呢？在任何社會，學界和知識界是一個社會道德價值最重要的載體之一。他們掌握着道德的話語權，是教育者。學界和知識界的道德水平基本上能夠反映一個社會的一般道德水平。中國的學界和知識界本身的道德水平並不在本文的討論之列，但不難發現這個階層對中國道德體系的解體也有責任。很顯然，這些年來，他們忽視了道德建設。多年來，學界和知識界都在作意識形態的爭論，討論意識形態的普世價值性或者沒有普世價值性，大家都在談論民主、自由、社會正義和公平等是否是普世價值。自由派說有，左派說沒有，自由派強調民主自由，左派強調公平正義。但為甚麼沒有很多人討論道德的普世性呢？民主、自由和公平正義等價值是道德體系的外在體現，而不是相反。那些整日把民主、自由、

公平正義掛在口上的很多人實際上在做着損害一般道德的事情。沒有了作為人所應當具有的一般道德，哪裏會有民主、自由、公平正義？「左派」和「右派」天天爭論着和中國社會毫不相關的話題，把自己打扮得似乎比誰都道德，但卻漠視着道德的每況愈下。那麼多人為甚麼爭搶着為權力說話，為利益說話，為甚麼沒有多少人來為社會的底層說話，走在保護社會的前列呢？

那麼，一般社會公眾是否可以逃避責任呢？也不能。每當像「小悦悦」那樣的事情發生，人人都道貌岸然起來，人人口誅筆伐，甚至對當事者進行各種方式的攻擊。但他們是否想過，如果他們是該事件中從小悦悦身邊走過的18人中的一人，又會怎樣呢？如果社會上真的有那麼多的人具有正義感，具有道德感，那麼為甚麼這樣的事情還會接二連三地發生呢？道德衰敗的趨勢得不到糾正，還是因為人人都是「事不關己、高高掛起」的自私態度所致。表達同情的心情、憤怒的心情很容易，但要改變道德衰敗，就必須訴諸行動，從自己做起。如果對有錢有勢者、學界知識界、媒體等角色已經失望，那麼社會必須起來自我拯救。

社會需要道德，個人的生存需要一個道德的社會。沒有道德就無以成為社會，個人就失去了賴以生存的基本

條件。沒有了基本的道德，就會演變成人與人之間、社會羣體與羣體之間的戰爭。中國社會如果再繼續這樣下去，離這樣一場戰爭就不遠了。沒有人會期待這樣一場戰爭發生，因為屆時人人都會成為受害者。如果不想得到這個結局，那麼現在應當是行動的時候了。

道德體系解體的根源：是市場還是政治

中國社會道德體系處於解體之中。道德必須重建。要重建道德，就首先必須理解導致道德體系解體的根源。當社會處於憤怒氛圍的時候，人們就很難理性地看待問題，也很難理性地選擇道德重建的途徑。對道德的衰落不能冷漠，道德的重建也需要激情。不過，激情很容易導致人們對道德衰落或者重建的意識形態化的診斷，就像古人所說，「病急亂投醫」。要找到有效的重建方式，就必須對道德衰落的根源進行理性的分析。

那麼，中國社會如何看待今天社會道德衰落的根源的呢？簡單地說，「左派」指向市場經濟，認為市場經濟是根源，而自由派則指向權力，相信是政治權力導致道德衰落。儘管還存在着其他不同種類的看法，但在今天的中國社會，左、右這兩大派看法佔據了大部分討論空間，而且

兩派極其分化，沒有任何共識。它們之間的爭論與其說是對具體社會環境和政策的爭論，倒不如說是對各自所信仰的意識形態的辯護。結果，自然對道德的重建並沒有甚麼真實的用處。

一般而言，「左派」的理論來自馬克思主義及其相關的新馬克思理論的各個變種。馬克思強調資本對社會道德的負面影響。資本的本質就是要把一些事物，包括社會關係，商品化和貨幣化。社會關係的商品化和貨幣化導致了社會道德的衰落甚至解體。這個分析並沒有錯：從這個角度來說，中國的左派指向了改革開放以來的市場經濟的發展。比較極端的左派相信這些都是鄧小平的錯。如果不是鄧小平把市場經濟引入中國社會，中國社會不至於面臨道德解體危機。這些人因此開始懷念毛澤東，把毛澤東時代的中國視為是一個道德高尚的社會。有人甚至提出要回到毛澤東時代。這種看法在年長者那裏流行，懷舊是今天中國社會的一大趨勢。更重要的是，這種情緒也存在於那些並不理解毛澤東時代到底是怎樣的年輕羣體之中。和年長者不同，年輕人認同毛澤東不是根據生活經驗，而是根據對毛澤東思想的文本解讀。

但「左派」面臨兩個大問題。第一是如何解決道德解體問題。馬克思從資本的本質出發分析了道德解體的根

源，但並沒有找到解決方式。馬克思主義的解決方式是消滅資本主義，消滅市場。

第二，不管其有多麼大的缺陷，市場經濟是人類迄今為止所找到的最好的創造財富的機制。沒有市場，就沒有有效的財富創造機制，就沒有小康生活。無論在西方還是亞洲，市場經濟造就了龐大的中產階層，也就是中國所說的小康社會。如果沒有市場，國家所主導的經濟活動更會創造出另一類更為嚴峻的不公平，就是東歐學者所說的「新階級」。這是一個以政治權力為基礎的官僚階級，壟斷着國家的大部分經濟資源。今天中國左派可能會舉出一些例子來證明國家主導經濟的優越性，無論是一個村、一個鎮，還是一個市。的確，人們可以舉出很多這樣的例子。

但是這裏，有兩點需要說明。其一，政府（權力）主導的經濟發展，在一定的階段是可以達到高速發展的。毛澤東時代曾經有一段時間中國也經歷過高速的發展。問題在於可持續性。從歷史經驗看，國家主導的發展難以保持可持續性。其二，今天中國一些富有的村、鎮和市在政府主導下得到了很快的發展，其主要原因並不在於政府主導本身，而是政府充分利用了這個村、這個鎮、這個市之外的市場機制。沒有市場機制，它們同樣得不到發展。

簡單地說，要通過消滅市場經濟而轉向國家權力來解

決道德問題，除了懷舊和理性主義色彩，並沒有可行性。

那麼，自由派的觀點又怎樣呢？與「左派」相反，自由派指向權力，認為是權力尋租導致中國社會的道德衰落和解體。在自由派看來，政治制度是道德衰落的關鍵。他們把中國很多社會問題包括道德視為是政治權威主義的結果。因此，他們提倡通過市場化和民主化來解決道德衰落問題，甚至重振道德。市場化的目標就是把政府和經濟脫鈎，而民主化的目標則是制約政治權力。如果「左派」的樣本是毛澤東時代的中國，自由派的樣本則是實行市場經濟和民主政治的西方國家。

不過，自由派也同樣是解釋不了很多問題的。中國的很多道德問題固然和政治權力有關，但市場並不是解決道德問題的途徑。市場化在通過扼制政治權力而解決了一些道德問題的同時也產生着其他無窮的問題。從歷史的角度來看，市場的發現改觀了人類的經濟發展史，為經濟發展提供了莫大的動力，但同時也為人類的道德體系帶來了巨大的挑戰。馬克思曾經把西方很多道德問題歸之於市場化。「看不見的手」(市場)的發現者和提倡者亞當·斯密也著《道德情操論》，強調道德情操在一個社會運作過程中的至關重要性。在西方道德體系的發展過程中，宗教產生了很大的作用。西方的宗教改革為資本主義精神的崛

起提供了精神條件，但資本主義的興起對宗教為基礎的道德產生了很負面的影響。隨着工業化和城市化的發展、社會流動的增加，儘管宗教還是一種非常重要的道德資源，但政府或者說政治權力扮演了很重要的道德資源角色。這並不是說，政府取代了宗教提供道德資源。政府對社會道德的重建提供了社會基礎，主要是通過對社會提供保護機制，例如社會保障、醫療、教育、公共住房等人們稱之為「公共物品」（public goods）的公共服務。社會保護機制極其重要，沒有有效的社會保護機制，西方道德的轉型不可能成功。很顯然，政治權力並非和道德相悖。西方從早期原始資本主義發展到後來比較人性化的福利資本主義，這本身並不是資本主義的內在邏輯。這種轉型是社會改革和政治改革的結果。

從今天美國和西方社會道德狀況看，市場化和道德之間的緊張關係依然存在。例如金融危機可以理解為金融部門過度市場化的結果，或者說缺少政府對市場規制的結果。金融危機對西方的道德體系產生着負面影響，包括商業道德和一般人的社會道德。回到中國的情形，自由派很難回答「左派」所提出的很多問題，即市場化對道德的負面影響，其所提出的去政治權力化的主張在實際生活中毫無可操作性，只不過是一種過度理想罷了。

很顯然，無論「左派」還是「自由派」，雙方都有些道理，但哪一方也沒有能夠找到解決方式。一方是懷念毛澤東，一方是懷念西方，沒有別的了。

實際上，如果人們能夠從經濟、社會和政治三者的互動關係來看問題，會比較清楚。無論從西方的歷史還是中國的經驗，政府權力站在哪一方，是資本還是社會，就會產生不同的政體，也就會改變經濟和社會領域的平衡。所以政府和政治權力很重要，是個平衡器。這三者一旦失去平衡，道德的社會基礎就會遭到破壞，社會道德體系就會解體。

在中國，無論是市場的濫用還是權力的濫用，都和政治權力有關。

首先是政治權力導致了濫用市場。中國的早期改革者沒有把經濟領域和社會領域區分開來，導致把經濟政策引用到社會領域，導致社會領域的過度市場化，從而貨幣化。也就是說，自由派所提倡的新自由主義經濟政策闖入了中國的社會領域。在西方，新自由主義只有在經濟領域發生作用，主要表現在私有化運動。當然，新自由主義在金融領域導致了政府對金融領域缺少監管，從而釀成了危機。但在社會領域，新自由主義遇到了強大的社會抵制，教育、社會保障和公共住房都沒有能夠私有化。而在中國

則不然。在經濟領域，新自由主義遇到了強大的國有企業的抵制，但在社會領域則不一樣。中國沒有社會抵抗能力，新自由主義在政治權力的扶持下很快就攻佔了諸多社會領域，包括醫療、教育和住房。這些領域都是要求政府大量投入的，但在中國則是暴富領域。社會被破壞了，社會的道德基礎就沒有了，其解體也就很容易理解了。

其次，濫用權力也導致着社會道德體系的解體。自由派所説的權力毫無制約是一個原因，但更嚴重的是權錢的結合。在兩者的結合面前，社會沒有了任何權力。沒有政治權力的合作，新自由主義不會在中國社會領域如此快速地蔓延。中國社會並不是沒有抵抗能力。社會一直在抵抗着社會的被市場化和貨幣化。但一旦政府站到了資本面前，社會便沒有了任何反抗的能力。

進而，無論是資本還是權力，都是通過 GDP 主義摧毀着中國社會的道德體系的。GDP 主義就是社會的經濟數據化。政治人物需要 GDP 數據，企業家需要 GDP 數據，經濟學家、律師、教授等社會階層需要 GDP 數據。就連破壞自己賴以生存的社會的一般社會成員也需 GDP 數據。在一個以錢為本的社會，無論是組織還是個人，缺少了經濟數據，就變得毫無價值。所以，人們説，這是一個數據化的時代。「不要做對我毫無經濟價值的事情」，

這已經成為中國社會的座右銘了。醫生可以因為病人的錢不夠而中止手術、律師可以為了錢而出賣靈魂、因為擔心被索取金錢而不敢扶起倒地老人、教授為了致富而把學術和教育當成了副業等成了中國所特有的社會現象。

但是很顯然，人的價值是不能數據化的，一旦數據化，人的存在就失去了任何意義，也就是「去意義化」。一個「去意義化」的社會便是毫無道德可言的。這就是今天中國社會各個階層普遍經歷着的極度不信任、極端恐懼、極端孤獨的終極根源。任何一個個人或者家庭，一旦處於這樣一種狀態，道德就會變得毫無相關了。

在人類經濟社會的發展歷史上，市場和社會領域的相對分離是一個偉大的發明，這種分離使得人類能夠逃脫泛道德化的社會行為，為經濟的發展提供了精神基礎。但是另一方面，社會也必須受到保護，經濟和市場必須有一個邊界。如果經濟領域可以也必須加以市場化，甚至貨幣化，但社會領域則必須並且也可以拒絕市場化和貨幣化。無論是西方還是中國，人們無論接受怎樣的意識形態，這種邊界的存在是一個社會繼續生存和發展的根本。換句話說，無論怎樣的社會，不管是民主還是非民主，沒有這樣一個邊界，道德體系解體危機必然發生。

可以確切地說，中國社會道德體系的解體是經濟、社

會和政治三者之間以 GDP 主義為核心原則之下相互作用的結果。這裏 GDP 主義是核心因素。如果這三者之間所有互動的核心是 GDP，那麼，道德體系的解體成為必然。反過來說，如果要確立一種新道德或者重建道德體系，那麼就是要改革這三者之間互動的原則，也就是要去 GDP 主義化，而代之以另一種能夠促成新道德成長的原則。從這個角度來看，目前左右派之間高度意識形態化的爭論無助於中國社會道德的改善。改革前和改革以來的經驗證明，無論是「左派」還是「自由派」，一旦主導中國社會，在克服了一種道德危機的同時又製造了另一種新的甚至是更深刻的道德危機。因此，要重建道德體系，人們還得另尋他途。

如何重建中國社會道德體系

社會道德體系解體了，而社會必須具有道德才能生存，這表明道德必須得到重建。很顯然，如何重建道德是中國社會面臨的一個最為嚴峻的挑戰。

如何重建道德？道德重建首先必須跳出目前的左右爭論。筆者已經論述左右派在道德問題的意識形態傾向性。實際上，在它們各自的意識形態背後的則是利益，特殊階

級的利益。要重建道德，首先必須認識到道德的普世性，道德是普世價值。

換句話說，道德重建必須去階級化。在這方面，中國應當對接受了近一個世紀的馬克思主義要重新評估。馬克思科學地分析了市場對社會道德的負面影響，但並沒有找到道德重建的有效方式。馬克思提倡的是階級鬥爭，把道德分解成資產階級的道德和無產階級的道德。但那麼長的歷史已經說明，階級鬥爭不僅無助於道德重建，反而會造成新形式的道德衰敗。階級鬥爭表明社會的對立，而一個不同階級間高度對立的社會很難進行道德建設。階級論也不僅僅是馬克思主義的觀點。很多自由主義者不強調階級，甚至反對階級論，因為馬克思所提倡的階級論對資本主義或者市場經濟不利。但正如馬克思所指出的，資本主義實際上是階級形成的一種主要根源。如果自由主義者沒有能力來緩解或者調和由資本主義產生的階級，那麼資本主義和市場經濟就會發生重大社會危機。

實際上，在道德面前，所有社會成員是平等的，無論貴賤，無論貧富，他們都是人，都是需要道德而生存的。這似乎類似於一種宗教解釋，但實際上人們不需要用宗教來解釋社會存在物的道德需要。很自然，不管哪種文明，開始之初，人們都用普遍的人性來解釋道德的需要。

市場經濟必然導致社會分化。在市場經濟產生之前，儘管也不存在絕對平等的社會，但社會成員之間的差異，尤其是經濟差異並不很大，這是因為大多數社會成員都生活在很低的生活水平上，用學術的話來說，是一種生存（或者生計）經濟。市場經濟是人類創造財富的最有效機制，但也導致了收入分配差異拉大，財富分配不均。分化社會導致社會道德解體。

怎麼辦？歷史上有兩種方法。一是馬克思路線，即消滅資本主義，消滅人剝削人的社會現象。從馬克思主義演變到史太林版本的貧窮社會主義，等到消滅了市場經濟，社會就沒有發展的動力。國家通過政權動員來發展經濟，可以持續一段時間，但沒有可持續性。最終社會變成了普遍貧窮社會。在人人貧窮的狀況下，只能產生虛假的道德。筆者也說明過，毛澤東時代的中國其實也並非道德樂土。

另一種方式就是用社會主義來遏制和消化資本主義和市場經濟對社會道德的衝擊。這是西歐發達社會的經驗。通過長期的社會主義運動，歐洲社會從早期馬克思、狄更斯、雨果等作家所描述的「悲慘世界」式原始資本資本主義過渡到福利資本主義。沒有歐洲的社會主義運動，很難想像資本主義和市場經濟能夠生存到現在。社會主義運動

的一個主要貢獻就是確立了一個社會領域。在市場經濟或者資本主義仍然在經濟領域發揮其作用的同時，通過提供保護社會的機制，避免社會領域的過度市場化和貨幣化，從而保護社會領域。儘管人們非常強調宗教在提供西方社會道德資源方面的作用，但如果沒有近代以來的種種保護社會的機制，很難保證社會道德體系的生存和發展。

回到中國，要重建道德，人們也不得不在這些方面做文章。很難想像通過消滅市場經濟而重建道德。這已經被證明為失敗。實際上，消滅市場經濟本身需要一場深刻的社會革命，而這個過程本身就會製造出貧窮的非道德。

道德體系的重建，誰是主體呢？既然道德體系的解體是資本力量、政治力量和社會力量三者互動的結果，那麼道德的重建也離不開這三個角色。在西方的道德體系重建過程中，政治和社會的力量扮演了最為重要的作用。資本儘管是道德體系解體的主要根源，但道德體系的重建還是需要資本的力量。很顯然，道德體系重建包含經濟成本，這種成本必須是由資本來承擔的。西方福利社會的基礎還是市場經濟，沒有足夠的財富，就不會有福利的可能性。

在中國，政治權力或者政府能夠在道德體系重建過程中做甚麼呢？至少可以從兩方面來看。首先政府需要構建一個有利於道德產生和發展的結構，那就是經濟、社會和

政治三者之間的平衡。任何社會具有三種力量，即經濟力量（錢）、政治力量（權力）和社會力量（人口）。這三者的相對平衡有助於社會道德的產生和發展；反之，一旦這三者之間失去平衡，那麼道德體系就會面臨解體。

從這個角度來看，中國的各級政府官員沒有在資本和社會之間做好平衡的角色，大都是站在資本這一邊的，包括民營資本、國有資本和外來資本等等。一個嚴酷的現實是，在任何社會，不管其實行怎樣的政治制度，較之於資本力量和政治力量，社會力量總是最弱小的。這也就是為甚麼，在任何社會，一旦社會起而反抗其他兩種力量，往往表現為暴力性。很顯然，暴力往往成為社會保護自己的最終的手段。在中國，因為體制原因，社會力量本來遠比其他社會弱小，一旦當資本和政治兩種力量結合在一起的時候，社會力量變得更加微不足道。中國社會對資本和政治力量的高度不信任、敵視，甚至暴力化，就是權錢結合的必然結果。在這樣的情況下，道德就蕩然無存。

在中國，政治力量和資本力量相結合還產生其他兩個結構的失衡，那就是國有部門和民營部門的失衡，大型企業和中小型企業的失衡。當政治權力和國有企業合而為一的時候，民營資本的力量就顯得微不足道。在西方，私人資本對政治力量是一種有效制約，中國的私人資本極其微

弱,對政治權力不僅沒有任何制約性,反而高度依賴於政治力量。因為在中國,國營企業是大型企業,而民營企業大都是中小型企業,結果也必然造成大型企業和中小型企業之間的失衡。在任何社會,中小型企業是社會的大部分人生存的經濟空間。中小企業弱小表明中國社會的大部分所擁有的經濟空間極其微小。也很顯然,這些關係的失衡對社會道德的生產和發展構成了結構性制約。或者說,道德沒有社會經濟基礎。

如果說經濟領域和社會領域的分離是經濟發展所必需,那麼政府就要提供足夠的保護社會的機制。這就要求政治領域和經濟領域的相對分離。只有當這兩個領域相對分離的時候,政治力量才有可能在社會和資本力量之間作為一個仲裁者,而平衡兩者的力量。在當今世界,西方世界因為有大眾民主,政治傾向於和社會力量結合,在中國,政治力量和資本成為天然的聯盟。這兩種極端都產生着很多的問題。西方的民主經常成為民粹主義,民主政治成為福利政策「拍賣會」,使得其經濟體系不堪負擔。資本和政治力量的緊密結合正在有效地破壞着中國的社會基礎。自由派經常忽視第一個問題,而左派經常忽視第二個問題。

政府可以做也必須做的另一方面努力就是要為社會

道德提供有效和足夠的制度保障，這方面主要體現在法治和法制建設上。只要有人的地方，道德必然在某種程度上存在。儘管人們談論中國社會道德體系的解體，但道德還是存在的。問題在於，不好的制度在遏制着道德，同時又在弘揚着非道德。制度必須揚善遏惡，而不是相反。要揚善遏惡，就需要制度上的根本性變革，這尤其是健全的法制。那些誣告扶起倒地老人的人，那些在食品中加毒（無論以何種方式）的人……所有這些行為都必須受到法律的懲罰。如果法律不能懲罰這些，那麼就無異於鼓勵非道德。實際上，在 GDP 主義指導下，中國的法律現狀就是這種情形。中國的立法者有太多的事情需要做。中國已經宣佈建成了「社會主義法律體系」，但是社會主義法律體系是需要保護社會的，現在的法律體系保護不了社會。在權和錢合為一體的情況下，保護社會很難成為法律的目標。

政府可以提供一種有助於道德產生的經濟結構，也可以提供一個有助於道德產生的法律結構，但很難提供一種道德力量。傳統中國社會由政府提供道德，主要表現為儒家。但是這種傳統模式已經不再可行。當農業社會不再存在的時候，作為一種政治意識形態的儒家就失去了政治道德舞台。當然，儒家可以作為一個私人道德基礎存在於社會。如同任何社會，政府必須在公民教育方面扮演重要作

用，但絕非僵化死板的政治教育。中國長時期的由政府主導的政治教育包括愛國主義教育是需要反思與改進的。

在 20 世紀 30 年代，蔣介石曾經發起一場近似法西斯主義的「新生活運動」，即一場道德重建運動。儘管有多種因素干擾了這場運動，但運動的失敗是必然的。原因很簡單，道德是社會成員互動的產物，很難通過自上而下的力量來施加於社會。

中國社會道德的建設還是需要社會的作用，通過自下而上的途徑。從社會力量來說，要拯救道德，必須有兩個前提。一是公民社會建設。社會必須具有足夠的空間，才能發展起來。改革開放以來，社會空間有了很大的增加，各種非政府組織也在湧現。不過，在關鍵的道德領域（尤其是宗教），社會空間還是非常有限。政府到最後必須意識到讓社會來承擔提供道德資源。但必須強調的一點是，如上所說，政府必須在公民教育方面起到關鍵作用。

其次，道德重建還需要一場持久的全社會的公民社會運動。公民社會運動在西方社會道德轉型和重建過程中扮演了極其重要的作用。道德的重建和每一個社會個體息息相關，因為沒有道德，社會就難以生存和發展。中國公民社會在發展，但對道德重建的意識還相當淡薄。這並不是說沒有。從社會對諸多非道德事件的反應來看，道德意識

還是存在的。但潛藏在社會成員中間的道德意識需要被動員起來，才能形成氣候。作為整體，中國公民社會的道德意識遠較其他社會薄弱。這主要是因為長期高度政治化的道德教育或者高度道德化的政治教育所致。公民社會的道德運動有望可以建設公共空間的道德，也就是公德，這是中國最需要的。

因為道德的解體，中國社會個體已經面臨生存危機。一個沒有道德的社會，無論你有多大的權力還是多大的財富，也難以生存。沒有道德、沒有信任，社會到處就會是陷阱。因此，重建道德也就是社會的自救。要麼自我毀滅，要麼自我拯救，人們所面臨的選擇並不多。任何社會在社會經濟現代化過程中都要經歷道德重建的過程，中國也應當是行動的時候了。

第二章

中國社會意識形態的崛起

一、新全球主義意識形態從何而來

　　意識形態歷來被視為是所有共產主義政權最難以改革和轉型的領域。但是，中國共產黨在改革開放以來，意識形態成功轉型。這種轉型為甚麼成功？轉型的動力在哪裏？如何獲得成功的？在眾多的因素中，全球化和物質利益是兩個重要的因素。

　　開放之後，中國領導人竭盡全力地推進全球化進程，把中國融入全球體系看作是中國成為強大民族國家的必經之路。

　　那麼，中國領導人是怎樣積極地把國家推向全球化的呢？這裏面涉及中國領導人中間盛行一種獨特的心理狀態──民族主義。民族主義指向建立一個強大而富裕的中國，中國領導人也承認這種目標只能通過把國家整合進全球共同體中才能實現。這種心態深深根植於毛澤東之後的中共領導人當中。很顯然，他們從前輩那裏代學到了太多

的教訓：把國家孤立在國際共同體之外，只會導致國家的貧窮和落後。儘管常常發生意見分歧，但是全球化過程卻從來沒有延緩下來。

面臨全球化，中國在意識形態和制度兩個層面上都對自身進行了調整，表現出非凡的靈活性。這與那種認為社會主義制度是僵硬的傳統看法相比，完全不同。中國的案例似乎顯示，社會主義制度可以改革，可以通過為適應全球化進行的不斷調整而實現自身的轉型。

但全球化的真正挑戰是對中國共產黨本身，而不是對國家政府而言。中國共產黨付出了極大努力試圖容納全球化，如變革其意識形態標準以及吸收企業家入黨，但是黨如何實現國家的全面制度化，至今仍是一個根本性挑戰。而且隨着全球化的深入，它所帶來的挑戰清單也變得越來越長。

新全球主義心態從何而來

全球化，尤其是中國周邊包括日本、韓國等國家在內的經濟體的全球化，給中共領導人帶來了巨大的壓力，但全球化不會自動地影響國家體系。國家體系如何變革，還取決於領導人對全球化的感知和認知，也取決於他們對自

身執政能力的考慮，即某種改革措施會削弱還是增強執政黨的執政能力。

從思想層面看，全球化可以理解為中國向國際社會尤其是西方發達國家的學習過程。但學習不是全盤照抄，中國領導人是有選擇地「輸入」思想的過程。因此，在政治領導人決定「輸入」之前，首先他們必須願意這樣做，然後必須考慮他們如何來為自身和公眾論證這種輸入的正當性。這種心態是動態的，它依據政治領導人的代際交替而變化。

經濟全球化往往造成經濟的「去國家化」，傳統意義上的經濟主權已經變得沒有意義。在日本學者大前研一看來，資本可以到達任何它們想去的地方，無論是出於成本還是市場的原因；政府活動無論是稅收還是調節，都將受到不願「嚇跑全球經濟」的限制，結果「在全球經濟當中，傳統的民族國家變成不合自然規律的，甚至是無法忍受的交易單位」。經濟全球化意味着共享一些正式和非正式的制度、規則、標準。沒有它，國際經濟與金融活動的協調就會非常困難，自私的民族國家可能會給其他國家帶來經濟災難。受此推動，一些具有輕度政治敏感事務的權力，已從民族國家轉移至各種各樣的國際權威，既包括國家間機構，也包括私人和商業的組織。

全球化也給民族國家對公民社會的控制製造了困難，正如經濟全球化使國家權力對私人經濟活動的控制變得幾乎不可能一樣。權威主義國家常常對國內經濟事務實行嚴密的政治控制，並由此控制從事這些經濟事務的人民。但是，全球化創造了超越國家控制的經濟部門。無疑，與這個部門相關聯的人民也超越了國家的控制。而且全球化也創造了國際非政府組織，它們不受民族國家的邊界限制，並超越了民族國家的權力控制範圍。

中國非常強有力地回應着全球化及其後果。更有意思的是，與其他發展中國家的領導人不同，中國領導人並不求助於民族主義，動員公眾感情來反對全球化。相反，民族主義成為一種意識形態工具，推動着領導人接受和鼓勵全球化。

中共是如何調和民族主義和全球主義這兩個看似相互矛盾的「主義」？這個自清末以來便有歷史淵源，到孫中山提出通過「追隨西方道路」來「復興古代秩序」，便逐漸成為現代中國改革派官員的主流情感。甚至毛澤東也認為，中國的共產主義者在努力建設一個強大的民族國家時必須變成國際主義者，儘管他以對西方帝國主義的不妥協態度聞名於世。實際上，《共產黨宣言》是全球化最早最好的論述文本，它常常被中國官方學者所引用，用來證明

中國的全球化以及融入資本主義世界體系的正當性。

對中國人來說，民族主義和全球主義都可以作為建設一個能夠抵抗西方的強大中國的適時手段。同時，在「全球化」之上加個「社會主義市場經濟」的獨特帽子，使其服務於政權的民族主義目標。由此，中共得以強調，輸入西方國家產品，不是在使國家西化，而是在復興。

意識形態何以迅速變革

不過，在鄧小平開創改革開放政策之前，中國共產黨始終是沒有放棄消滅資本主義這個目標。這種轉變是相當激進的，如何解釋？

事實上，沒有鄧小平 1992 年南方視察時對市場經濟正當性的證明，中共也不會以如此激進的方式推動國家的全球化。

1989 年後，政府必須為社會成員提供經濟上的「出路」，以便指導民眾激情從政治利益轉向經濟利益。鄧小平南方視察開啟了中國從在意識形態基礎上建構社會秩序向以利益為基礎建構社會秩序的轉變，以及從政治社會向經濟社會的轉變。經濟「出路」的開放引導民眾認識到從政治利益（公共行動）轉向經濟利益（私人活動）更加有

益。這種經濟「出路」的政治意義是促使領導人將市場經濟去意識形態化，使之成為經濟發展的一種手段。這種策略導致了這麼多年的快速發展和社會政治穩定。

創造以利益為基礎的社會秩序，有很多政治上的好處。首先，以利益為基礎的社會秩序，比建立在其他不是以利益為基礎的因素（如各種形式的激情）之上的社會秩序更容易治理，因為受利益導向的個人行為比受情感導向的行為更可預見，從而更可治理。第二，在一個以利益為基礎的社會秩序中，個人行為的穩定性和持續性是可預期的。當個人追求單一的物質利益時，他們的行為不會有劇烈的變化。第三，經濟發展與以利益為基礎的社會秩序的結合，可以使個人行為不斷趨向和平。孟德斯鳩斷言道：「無論何地，如果有商業，那裏的人們行為方式就會是溫和的，這是個一般的規則。商業軟化野蠻的行為方式，使其變得溫和，如同我們每天所看到的那樣。」第四，經濟發展能夠軟化政治權力的強制性使用，能夠消除掌權者的專斷和權威主義的決策方式，使其尊重人民的基本經濟自由權利。

可以說，20 世紀 90 年代，中國領導人非常成功地組織起一種以利益為基礎的社會秩序，並從這樣一種秩序中獲益。

在改革以前，中國被看作是一個依憑政治意識形態建構起來的社會。這個社會依據主要領導人對一個社會應該是甚麼的認知即意識形態而組織起來，並且通過如戶口制度、單位制度和其他大量羣眾組織等強有力的組織來實現。一個高度組織化、政治化的社會，與計劃經濟一起，使黨領導下的國家得以動員大量的社會團體進入政治舞台，並由此在中國社會中創造出新的權力來源，以便完成深刻的社會工程任務，如土地改革、集體化、工商業國有化。

然而隨着時間的演進，黨治國家的觸及面被縮小了，它因着迷於意識形態，最終在有效治理上變得越來越困難。在 20 世紀 70 年代末，中共領導人看到了資本主義如何幫助日本和亞洲「四小龍」提高了大多數人民的生活水平和國際地位，而這些正是共產黨自成立之日起就一直在為之奮鬥的目標。於是，以鄧小平為核心的領導集體開始把工作重心轉向經濟建設，這成為改造國家的一種途徑。不過，80 年代的中共在實際政策層面並不反對市場的各種經濟形式試驗，但在意識形態層面，他們不願把資本主義經濟合法化。

為甚麼 20 世紀 90 年代鄧小平要如此艱苦地說服領導集體接受自己在過去幾十年來強烈反對的市場經濟？這涉

及兩個重要而敏感的問題。第一，政權的政治利益在鄧小平南方視察之後得到重建，重建的需要首先為鄧小平本人所察覺，隨後被新的領導集體所接受。第二，政治利益的重建為資本主義成為一種改造社會的方式創造了意識形態合理性。換句話說，鄧小平相信有可能利用市場經濟來增強政治合法性，同時避免資本主義經濟帶來的負面政治影響。鄧小平以其整個政治生涯中的務實作風而聞名。毛澤東強調把「道德」作為激勵人民行為的方式，而鄧小平似乎更贊成以「利益」來激勵人民。

沒有領導人有意識地追求，一種以利益為基礎的社會秩序不會如此迅速地發展出來。領導人所追求的並非僅僅是經濟發展本身，還有快速的經濟發展帶來的有利政治結果。有意識地追求經濟增長，促成了私人領域的興起和擴展。第一，它為社會成員退出公共領域提供了出路，沒有這一私人出路，社會成員只能在高度政治化的公共領域爭鬥。私人領域的擴張大大減弱了政治衝突的強度，從而減輕了黨和政府的政治負擔。

第二，私人領域的存在，使以下情形成為可能：如果社會成員不想參與政治，他們可以保持一種非政治性。而在意識形態建構起來的社會秩序裏，政治上冷漠的社會成員要自擔風險，因為經濟利益都是通過政治手段分配的。

相反，以利益為基礎的社會秩序不僅容許人們不必過度關心政治，而且鼓勵他們把大部分精力放在經濟活動上。換句話說，政治冷漠的公民可以從市場上得到生活必需品。

第三，由於以利益為基礎的社會秩序產生，中國的經濟發展以更穩定和更可預期的步伐向前推進。

融入全球體系，形成以利益為基礎的社會秩序產生了諸多未曾預料到的後果。最嚴重的威脅是黨面臨着新興社會力量要成為政治秩序一部分的要求。20 世紀 90 年代，社會成員致力於發財致富，政治激情衰減，這段時期讓黨的政治壓力變小，政權的合法性增強，但也相應地使既有政治秩序沒有足夠壓力去適應以利益為基礎的社會秩序。但一旦人們滿足了經濟激情或在經濟總是受挫，他們將為自己要求一個政治角色。一個具體現象是，越來越多的私營企業主希望能夠對決策有些影響，甚至參與決策，以改變「權錢交易」、「每況愈下的公共秩序」和「亂收費」等。

這引起了中國「左派」的擔心。在傳統上，中共聲稱代表着五個主要團體的利益：工人、農民、知識分子、軍隊和幹部。大多數黨員都來自於這些團體。在 1997 年黨的十五大之前，「左派」以《萬言書》形式發動了一場重大的意識形態之爭，警告來自新興企業家階層的政治威脅。但國家不可能再回歸到由意識形態建構起來的社會秩序。

一旦市場經濟和全球化的快速發展成為政權存活的手段，領導人再也無力扭轉這個趨勢。

面對「左派」的異議，1997 年黨的十五大還是進一步將私有部門合法化了，並且在次年的憲法修正案中正式為私有財產權提供憲法保護。一旦私有財產權被合法化並給予了憲法保護，那麼下一個邏輯問題就是：私營企業主是否可以入黨，是否可以與其他傳統的統治階級如工人、農民一樣享有政治權力？ 2001 年，即黨的十六大召開的前一年，「左派」再次發動了一場鬥爭來反對允許私營企業主入黨。典型動作是原中共吉林省委副書記林炎志在北京「左派」期刊《真理的追求》上發表了一篇長文，強調「私有制經濟不能超過公有制經濟，這是底線」，並排斥資本家入黨。

實際上，1989 年 8 月 21 日江澤民的《在全國組織部長會議上的講話》曾表達過相同的意思。但 2000 年 2 月，江澤民提出了「三個代表」的新概念。2001 年 7 月 1 日，在慶祝中國共產黨成立八十週年的講話上，江澤民進一步宣佈黨將從非國有部門的工作人員，如外資企業、合資企業、私營企業和其他部門的專家中吸納黨員。江澤民指出，階級構成的變化已經在中國成為現實，只有從這些社會團體中吸收精英入黨，才能進一步振興黨。

通過允許企業家入黨，領導人試圖擴大黨的社會基礎，確立或至少容納一個以利益為基礎的政治秩序。在 2002 年中共十六大上，黨的領導集體修改了黨章，確立「三個代表」理論為黨的指導思想。

但如今，一種不斷擴展着的利益社會形成了自身的動力，其結果超出了中國領導人的預期。特別是一種以利益為基礎的社會秩序不斷破壞着現行政治秩序，給領導人製造出政治改革的壓力。

中國應避免中西方意識形態冷戰

對中國的外交來說，最重要的莫過於中美之間是否能夠避免陷入「修昔底德陷阱」了，即兩國之間的爭霸戰爭。儘管歷史上一而再、再而三地發生大國之間的爭霸戰爭，但人們有充分的理由相信，直接的軍事衝突和戰爭發生在中美兩國之間的可能性很低。這裏有幾個很重要的因素在發生作用。首先是中國領導層的清醒意識。習近平多次強調中國要避免陷入「修昔底德陷阱」，並且提出了要和美國建立「新型大國關係」，意在避免兩國陷入這一陷阱。儘管美國對中國的這一概念並非照單全收，但也的確意識到中美兩國關係的複雜性，並且表示樂意做這樣的努力。

不管怎樣，中美之間的和平也是符合美國的利益的。

其次，中國儘管也在加快軍事現代化建設，但中國正在竭力避免和展開與美國軍事方面的競爭，而是根據自己國防安全的需要進行正常的軍事現代化。歷史地看，中國從來沒有成為類似美國和蘇聯那樣的軍事國家，但中國必須具備足夠的國防能力來平衡美國。更為重要的是，中美兩國現在都是核武大國，在一定程度上已經構成了類似昔日美國和蘇聯之間那樣的互相威懾。

第三，如果國家有其本性，而其本性決定了其外交行為，那麼可以說，中國本質上是一個商貿國家。中國的和平文化是其商貿精神的反映。從文化上說，中國具有其他國家所沒有的開放性和包容性。歷史上，除了北方少數民族（如蒙古族和滿族）統治中國的時期，漢族的統治者很少主動去發動戰爭，更不用說是霸權戰爭了，而是通過各種方法求得和平共處，無論是和亞洲周邊的小國，還是和周邊的大國（如日本）都是如此。今天中國強大了，但這種文化精神沒有甚麼大的變化。實際上，這種文化表現在中國外交的方方面面，只不過在西方國際話語佔據主導地位的情況下，人們選擇忽視或者不相信罷了。

不過，這些條件的存在並不是說中國可以實現持續的和平了。只要主導這個世界的是主權國家，主權國家之間

的競爭不可避免；而這種競爭必然影響到中國的安全，不管中國本身有怎樣強大的和平意願。中國一方面要確保自己不去主動挑起衝突和戰爭，同時也必須避免被動地拉入或者捲入衝突和戰爭。迄今為止，人們擔憂中美之間的衝突，但少有人去研究如果發生衝突，會以何種方式發生？如果上述因素可以避免中美之間的直接戰爭或者熱戰，中國仍然必須考慮如何避免重蹈蘇聯的覆轍。美國和蘇聯之間因為存在核武器的互相威懾，也沒有陷入「修昔底德陷阱」，但是美國成功地和蘇聯進行了一場冷戰，最後導致了蘇聯的解體。如果「修昔底德陷阱」意味着兩敗俱傷，蘇聯的解體則表明美國的全贏，中國肯定也不想成為蘇聯。

步蘇聯的後塵也正是今天中國必須避免的另一種外交陷阱。美蘇冷戰首先表現為意識形態之爭。一旦在意識形態領域發生冷戰，就必然會延伸到其他更廣泛的領域。儘管西方圍堵蘇聯是全方位的，但最先是從意識形態領域開始的。蘇聯的制度和意識形態被西方視為是最大的威脅。同樣，中美之間的「冷戰」也最有可能首先發生在意識形態領域，人們有充分的理由去擔憂這種可能性。

中國崛起到今天，中西方之間在意識形態領域的分歧不僅沒有在縮小，反而在擴大。最令人擔心的是今天美國和中國各自的民族主義高漲，已經不太能理性地看待對

方。美國的對華政策越來越傾向於傳統的現實主義。美國基本放棄了以往那種把中國轉型成為類西方國家那樣的努力，而轉向現實主義。在人權、反恐等問題上，美國不僅會繼續持雙重標準，而且會強化其偏見。美國學界和政策界的一些人也一直在把中國各方面的體制污名化。在國際政治上，西方一直有正義和非正義的戰爭一說，現在有人又開始討論「好」的恐怖主義和「壞」的恐怖主義，這完全是其意識形態偏見所致。中國本來就存在民族主義情緒，對西方的如此作為，必然會作出更為民族主義的反應。雙方的互動一旦超出控制，互相之間的妖魔化就會變得不可避免，意識形態的冷戰也就會開始。

如果意識形態領域發生冷戰，就會逐漸發展到經濟貿易領域。實際上，很多年來，中美商貿很容易受美國國內政治氣氛的影響。中國在美國的很多投資項目（無論是國企還是民企），都被美國以「國家安全」的理由而拒絕。到今天，美國對高科技出口中國仍然有非常嚴厲的限制，甚至禁止。一旦意識形態領域發生冷戰，美國必然會在這方面變本加厲。在商貿領域受到影響之後，美國便會轉向軍事戰略領域和中國競爭。今天中美兩國儘管有頻繁的商貿互動，但軍事領域的互動仍然是表面的，具有實質性意義的交流並不多見。在這個領域，雙方並不存在有意義的

互信。一旦發生意識形態領域的冷戰，目前存在的這些交流很快就會付之東流。不僅如此，美國就會重拾往日對付蘇聯的軍事策略。

在這個過程中，美國不會單獨行動，而是會千方百計地動員西方整體的力量。不管怎麼説，在意識形態層面，美國代表西方，和西方具有天然的一致性。一旦發生意識形態冷戰，西方社會很自然會站到美國政府這一邊。美國的這一意識形態「統一戰線」也容易延伸到其他國家，包括中國周邊國家。西方話語基本上也是這些國家的主流話語，因為它們的政治和知識精英都是接受西方教育的。

最要緊的是，在意識形態領域，中國幾乎沒有甚麼能與之抗衡的軟力量。因為各種原因，儘管在很多方面中國已經崛起，但在國際社會中國始終沒有話語權。一旦在意識形態領域被妖魔化，美國就很容易動員其各方面的力量，像對付蘇聯那樣來對付中國。

儘管在意識形態領域，中國也可以本着「自己不主動去惹是生非，但如果他人惹是生非，也不會怕」的原則，但必須承認自己在這方面的短板。從一個層面看，中國仍然是一個發展中國家，現代化和全面建成小康社會仍然是中國的要務。全面建成小康社會是中國「四個全面」中的「第一個」。對現實主義的美國來説，其奉行的是實力

原則，只有等到中國真正強大了，才會改變其對華政策。因此，發展仍然是中國避免戰爭的硬道理。從這個角度來說，中國繼續需要和平的國際大環境。再者，中國並不是像蘇聯那樣的國家，並沒有要去和美國（或者其他大國）爭霸。中國所擔心的是被西方妖魔化，成為其意識形態冷戰的犧牲品。

從這個角度來說，中國必須加緊意識形態建設。問題在於，要建設怎樣的意識形態？如何建設意識形態？在國際事務上，是要建設一個和西方針鋒相對的意識形態，還是建設可以和西方避免意識形態冷戰的意識形態？從目前的情況來看，對這些問題並沒有明確的答案。

中國的意識形態建設需要應對國內和國際兩個方面的挑戰。官方所主導或者支持的意識形態建設，主要是為了回應內部的自由派和民主派對西方的無限嚮往。長期以來，自由派和民主派經常用西方的話語，來解讀甚至判斷中國本身的制度。這在很大程度上的確可以對現存體制構成很大的壓力。並且，從制度建設來看，自由派和民主派過於脫離中國的現實和實踐，無助於中國的現實需要。從這個角度來說，政府需要回應，各種形式的「左派」的崛起有其必然性和必要性。但問題在於，左派話語也同樣很難解釋中國，更難以提供解決中國問題的方法。更重要的

是，「左派」話語並沒有為社會所接受而成為中國的主流話語，而是在很多方面製造了社會的分歧和對立。

今天左、右派的論述過於政治化，是一個極端對着另一個極端。即使在霧霾等環保問題上都是如此。自由派是一個極端，把甚麼都和執政黨聯繫起來，而左派則是另外一個極端，認為霧霾都是可以合理化的。實際上，自由派並沒有多少道理，因為無論誰執政，只要有工業化和城市化，都會面臨包括霧霾在內的環保問題。左派也沒有多少道理，無論誰執政，都需要解決包括霧霾在內的環保問題，否則就很難說是一個負責任的政府。霧霾只是其中一個例子，左、右派的爭論表現在方方面面。政治體制問題上也是這樣，儘管中國已經形成了自己的體制，但左、右派都是借用西方的話語來說事。兩邊的論述除了政治化，看不到任何理性。對中國來說，如何直面問題？如何解決問題？這些是最為關鍵的，但沒有多少人去研究和論述。

在國際關係上，左派（往往表現為民族主義）和自由派也是如此。自由派一切唯西方為正確，而民族主義者則相反，把中國的一切置於西方的對立面。在實踐層面，中國既不會像自由派所相信的那樣，會變成西方那樣的國家，也不會像民族主義者那樣，對西方的東西甚麼都加以排斥。在國際關係上，自由派並不能贏得西方的尊重，但有

可能贏得西方的同情。能夠獲得西方的同情，是因為自由派爭取西方所認同的價值觀。不會贏得西方的尊重，是因為這僅僅是自欺欺人，而且中國變不了西方。民族主義話語即使能夠贏得一些人的支持，但因為具有過分的「義和團主義」色彩，也很難成為國內的主流話語。在國際社會，民族主義者一旦失之過度，不僅會把自己孤立起來，更會陷入和西方的意識形態冷戰。

左、右派話語在內政外交上的無效性，表明中國需要對建設甚麼樣的意識形態這一問題作重新的思考。一種意識形態，首先要自己的人信服，然後才有可能讓人家信服。中國是可以建設這樣一種意識形態的。只要中國具有理性主義和科學主義，中國改革開放以來豐富的實踐，足以建設一種自己和西方都可以接受的意識形態或者話語體系。

和今天左、右派具有高度排他性的論述不同，一種新的意識形態需要客觀地反映中國各方面實踐的開放性、包容性和進步性。沒有這樣一種新的意識形態，不僅國內的意識形態領域會繼續極端分化，更容易和西方陷入意識形態之爭，從而影響中國真正的崛起和中華民族的復興。

二、中國意識形態當代轉型

中國意識形態的兩極化及其後果

中國 20 世紀 90 年代以來的高速經濟發展，導致多元社會利益。但是因為社會羣體之間、地區之間的收入差異越來越大，多元利益很快演變成為分化社會。

任何經濟體在發展早期都會經歷一個收入分配差異拉大的階段。收入分配差異對一個社會的政治影響也取決於該社會的接受程度。在中國，收入差異不僅從客觀上説（即從堅尼系數來衡量）已經超過了一般國際水平，更超過了中國社會的接受程度。

很多社會階層對收入分配不公已經從不滿轉向憤恨。實際上，收入分配差異及其造成的政治社會影響也是中國官員多年來關注的焦點。

儘管中國政府在縮小分配差異、實現社會公平方面已經做了諸多的努力，但是並未看到這些努力已經遏制了收入差異的擴大的跡象。反之，因為政府還沒有發展出足夠有效的能力來管治資本，收入分配的差異還在繼續擴大。

2008 年以來席捲全球的金融危機，更是增加了問題的

嚴重性。在沿海地區，隨着大量工廠的倒閉，失業工人隊伍越來越大，尤其是農民工。問題是：這種狀況對中國的政治生態會造成甚麼樣的影響呢？影響當然是多方面的。但很重要的一個方面就是利益分化已經導致了中國意識形態層面的分化。

這裏指的是中國社會層面的意識形態，就是社會中相當大的一部分人對某一種主義或者意識的認同，而另一部分人則對另一種主義和意識的認同。儘管官方規制着中國的輿論界，但這並不妨礙各種主義的流行。

今天的中國思想界有各種主義一一湧現，例如所謂的「左派」、「右派」、「保守主義」、「民族主義」，還有其他各種從本土培育的或者西方進口的主義。各種帶有意識形態色彩的宗教也反映了這個趨勢。

意識是對社會現實的反映，各種主義在中國崛起是個常態。不過中國的各種主義之間並沒有多少直接的爭論和溝通。各種主義都在以各種方式和社會支持力量結合，尋求政策層面甚至政治層面的效應和結果。

很多年來，主導中國經濟改革的是經濟自由主義話語。經濟自由主義在推動中國從計劃經濟轉型到市場經濟的過程中發揮了很大的作用。但今天的經濟自由主義處於一個非常難堪的局面。

經濟自由主義很難解釋中國社會的分化，也缺乏有效的政策來改變這種局面。相反，在很多人眼中，經濟自由主義已經淪落為既得利益集團的工具。在一些人看來，經濟自由主義現在已經變成了中國進一步改革，尤其是社會改革的障礙。

在另一端，一些社會階層成為經濟自由主義主導下的改革的受害者或者犧牲品。他們看不到未來改革的出路。所以，一些人開始全面否定改革開放政策。他們對鄧小平的改革路線開始抱懷疑態度，要求反思和糾正改革路線。

因為市場化導向的改革出現了問題，他們往往向後看。無論新老「左派」還是國外稱為「毛澤東派」的社會團體和知識分子都在不同程度上有這種傾向性。當然，這裏也有一些從理想出發來審視和批判現實的知識分子。

各種主要的主義都呈現出激進化的趨向。在非理性的情況下，各種主義都可以表現出「民粹」的特點。「民粹」往往被用於指向社會底層被動員起來的狀況。但是在今天的中國，既存在着「左派」民粹主義，其基礎是社會底層和弱勢羣體；也存在「右派」民粹主義，其基礎是既得利益者和特權階層。

雙方似乎很難找到妥協的基礎。一方面，既得利益者的心態是「窮人該死」，他們動員一切盡可能的力量在千

方百計地保護自己已經取得的利益基礎上再擴大利益。另一方面，底層社會也越來越難以忍受一個越來越不公正的社會，視既得利益為「不義之財」。他們和他們的代言人當然也要動員自己的支持力量。

在這兩者之間，中國的中間力量非常小而弱。中國的中產階層本來就不大，但現在這個還是弱小的中產階級處於一個困局。因為財富加速從多數人手中轉移和集中到少數人手中，中產階層中的少數一部分人已經通過積累財富和擴張，進入既得利益階層。

但也有相當一部分人，尤其是城市居民重新貧窮化，成為新窮人階層。儘管經濟的發展在繼續製造中產階層，但目前中國的經濟結構決定了中國的中產階層不會很快成長。

執政黨當然不想看到社會的激進化。官方對社會意識形態的激進化也是有相當認識的。官方在輿論和意識形態方面的控制還在繼續。但因為利益的多元化，這種控制的有效性也存在着問題。

即使在執政黨內部也出現了思想多元化的局面。這使得建立一種各方都可認可的意識形態重要起來。

很容易理解，官方的意識形態強調的是各種利益之間的妥協。但總體來説，官方的意識形態還是處於一個衰

落的狀態。因為長期秉持「不爭論」路線，有關方面傾向於持一種超然的態度，不時地干預不同意識形態之間的爭論，但對自己的意識形態立場並不很明確。

儘管努力達成各階層利益之間的妥協，但並未看到妥協的意識形態和有效的妥協政策。雖然各社會階層都能看到社會利益妥協的好處，但對處於社會底層人士來說，在沒有看到建立能夠造就社會利益妥協的具體制度和政策之前，還是難以忍受現存的社會不公狀態。

社會意識形態激進化已經開始表現在社會行動的一些方面。最顯著的是表現在前些年的社會羣體事件上。早期的羣體事件由具體的經濟和社會問題所引發，參與者也更多地表現為對具體利益的爭取。但是前些年的社會羣體事件有的超越出經濟和社會範圍，具有政治性。

不可否認，一些羣體事件開始由理想的概念所引導，就是說社會意識形態開始在羣體事件的發生和發展過程中扮演一個重要的角色。

如果高度分化的利益不能達成妥協，那麼最終可能會演變成無論是「左派」還是「右派」都不想看到的革命局面。儘管有人會說一場以社會正義為目標的「革命」並不可怕。可是，中國現在的社會結構表明「革命」之後可能又來一個重複。這與「革命」的願望剛好相背。

中國社會的這種現狀表明執政黨要明確確立本身的改革路線及其方向。一方面要通過政府與社會各階層的全面接觸政策而達成改革共識，另一方面更需要下大力氣加快建立能夠促成社會利益妥協從而實現基本社會正義的制度。

要達到社會共識，「不爭論」路線應當得到修正。這個路線如果繼續下去，只會導致執政黨改革話語權的繼續弱化甚至喪失。當社會的各種力量對自己的支持力量擁有了強大話語權的時候，執政黨本身更應當感到迫切的壓力。

如何通過大爭論來達到社會的共識，確立社會的共同價值，這應當是執政黨宣傳和理論部門改革的重要內容。

國家建構與執政黨之間的張力

全球化推動中國建立起一種治理結構，這在很大程度上是為了合乎國際規則與標準，但碰到的一個難點是黨與法治的關係。早在 20 世紀 90 年代初，黨和國家領導人強調的是中國的國家改革，而不是中國共產黨的自身改革。起初，以利益為基礎的社會秩序的興起在增強黨治國家的合法性上是有利的。改革派領導人為減少實施激進經濟改革政策的政治阻力，容許甚至鼓勵黨政官員「下海」，投

身於商業活動，由於隨着經濟的快速發展，私人領域變得比公共領域更有利可圖，這個目的是達到了，但也為此付出了高昂的代價。第一，很多人才，特別是那些大力推動市場改革的人才，離開國有部門而投身私人領域。削弱了領導人隊伍。第二，這些人「下海」給他們提供了一個使用公共權力來追求私人經濟利益的機會。當公共權力被用於追求私人經濟利益的時候，腐敗就變得不可避免，而且越來越嚴峻。

以利益為基礎的社會秩序的興起也導致了意識形態不可避免的衰落。在以利益為基礎的社會秩序中，官方意識形態越來越不能發揮管制黨政官員日常生活的主要作用，更不用說對社會成員了。官方意識形態從主動性姿態轉向防禦性姿態，也即從作為指導黨政幹部、指導決策的手段，轉變為給黨和政府的政策提供正當性證明的手段。

隨着意識形態首要性的消蝕，有些黨政幹部開始形成各種各樣的思想，包括物質主義、舊左派和新左派、西方自由主義、民族主義甚至宗教信仰。更嚴重的是黨員幹部的腐敗。以往黨政幹部的政治忠誠是衡量他們政治業績的最重要標準，現在「金錢」已經替代了政治忠誠。

當鄧小平向人民提供謀取利益的機會時，他不會期望出現對資本主義和貨幣過度的、了無拘束的崇拜。然而當

人們富起來時，卻發現他們生活在道德的真空中。在精神上，他們不知道自己在哪裏，要到哪裏去。

在中共領導人看來，所有這些社會弊病必須得到救治，因為它們侵蝕了黨和政府的合法性。結論是，中共應該成為政治穩定的最終保證者，成為全球化進程中一切失誤的糾正者。但在調整黨適應全球資本主義問題上，中國共產黨領導人面臨着巨大的困難。因為伴隨全球化而普及的是法治認識。法治的核心是如何馴服國家。儘管領導人反覆強調法治，但在他們仍然把法律作為一種統治工具。

於是，中共一方面拒絕進口一些現代西方國家最重要的政治產品如民主和法治時，另一方面則回歸中國傳統，即儒家、法家的大傳統和共產主義的小傳統，黨的領導人試圖從中找到困擾着黨的那些問題的解決辦法，以此維持黨對權力的掌控。近年來，提倡回歸美德和道德價值，已經成為領導人復興黨的最重要方法。包括江澤民在執政的後期，也在漸漸把重心從法治轉向德治。從 2000 年起至今，中共掀起了大規模的幹部教育培訓。不言而喻，對黨而言，為了證明中國共產黨執掌權力的合法性，最便捷的方式就是求助於傳統價值。

如今，黨的權力仍然位居於社會之上。當中國共產黨在國家轉型過程中扮演着重要角色時，因缺乏黨的轉型，

中國成為一個完全現代化的國家的目標變得困難起來。但是隨着社會力量的興起，黨也必須調整自身的權力結構，從而逐漸適應社會現實。它的選擇空間有限。

更為嚴峻的是，當執政黨意識形態逐漸消失，作為最基本的國家制度的法制還沒有完全建立起來的時候，中國社會已經開始再意識形態化。在一個利益導向的社會裏，中國步入了一個人們所說的物質主義時代。隨着經濟空間的大擴張，各個社會羣體紛紛在物質世界領域裏追求和滿足自身的需求。因為各個社會羣體不可能在經濟擴張過程中取得同樣多的利益，在這一過程中也不斷出現各種社會矛盾。不過，人們忙於追求物質利益，並且也的確多少能夠追求到物質利益，很多社會矛盾在很長一段時間裏就被忽略過去。

改革開放 30 多年後的情形又如何呢？人們試圖用不同的概念來形容今天中國社會，例如「分化」、「斷裂」、「信任危機」、「管制」等等。不管對中國社會做怎樣的評價，越來越多的人發現，在近 40 多年的經濟擴張之後，這個社會原來不是自己想要的社會。當不同社會羣體發現自身在這個社會生活得不舒適甚至不安全的時候，就自然出現了各種「反現狀」的具有理想主義色彩的意識形態。很容易理解，對每一社會羣體來說，所謂的理想主義就是

要改變目前的社會形態，使得其能夠符合自己的生存和發展。

從各國發展的經驗看，理想主義鐘擺的擺動是必然的。任何一個人或者一個羣體，在公共領域活動久了，就想回到私人領域；在私人領域活動久了，就想回到公共領域。同樣，當他們的物質利益滿足了之後，就會回到理想主義；當他們的理想主義演變成了空想之後，他們又會回到物質主義。

不過，中國的理想主義搖擺並不是簡單的重複。儘管有些人繼續追求單純的理想主義，但也有人已經有了更加確實和現實的理想。今天的中國，儘管有人認同毛澤東主義中的一些價值，但很少有人真正想回到毛澤東時代的各種空想主義主導下的抽象的社會正義和公平；儘管有人仍然崇拜西方民主與自由，但很少有人相信中國真的能夠成為西方那樣的國家。理想主義的這種轉變有利於中國的轉型。在把抽象轉化為具體、把意識形態轉化為有形事物的時候，人們就會更多地從工具和操作層面來追求他們所認同的理想的價值。這一趨勢，在中產階層和草根階層中表現得越來越明顯。人們也可以相信，隨着這種現實理想主義的回歸，中國社會也會有長足的進步。

但歸根結底的問題是，執政黨如何容納已經是高度複

雜的社會，無論是物質利益上還是意識形態上。如果物質利益和意識形態的分化不可避免，那麼越來越顯示法治社會的重要性，因為只有法治才能包容社會的複雜性。而法治建設也正是中國政治發展的真實難題。

中國需要建設國家意識形態

今天的中國，在執政黨本身的意識形態急劇衰落的同時，社會層面的意識形態多元化，呈現出百花齊放的局面。可以說，甚麼樣的「主義」都可以從中國社會找到，並且任何一種社會意識形態都有或多或少的社會影響力。這個情況有些類似於晚清和「五四運動」前後的局面。在很大程度上，這是一個必然的局面。晚清和「五四運動」前後，各種意識形態的背後是革命，信仰者的動機是通過革命為國家尋找一條出路。今天，各種意識形態的出現不僅反映了中國利益多元化的局面，更重要的是，它們的出現也再次說明了意識形態的本質就是要改造社會。只有當人們對所處的社會感到不滿的時候，才會去求助於一種不同的意識形態。沒有人可以排除，今天的一些意識形態尤其是左、右派所秉持的那些大意識形態，其目標也是影響國家和社會的發展方向。

再者，無論是「五四運動」期間還是今天，百花齊放體現出三個主要特點。其一，社會層面的各種意識形態大都是從西方進口，很少有植根於中國本土的，也就是說，和「五四運動」期間一樣，中國社會還是試圖繼續用西方思想來改造中國。第二，代表各種意識形態的社會力量之間不存在共識，各種意識形態都在爭取其信仰者，在爭取其在社會中的支持者。第三，各種意識形態的不斷激進化，各方都在創造着自己的意識形態神話和烏托邦。不過，當代社會也有和「五四運動」不同的特徵。「五四運動」期間，各種意識形態的信仰者主要局限於知識階層，對普通社會羣體來說，這些意識形態離他們的實際生活太遠。不過，當代各種社會意識形態信仰者更廣。一方面是因為今天的社會成員所接受的教育程度越來越高，另一方面是今天有更有效的傳播方式，尤其是以互聯網為基礎平台的傳播技術的普及。

社會意識形態多元的局面不可避免，但也在產生着嚴重的負面後果。首先是政府權威和權力的急劇衰落。任何一種政權都必須具有建立在意識形態之上的合法性。一旦這種合法性不再存在，政權也會失去其存在的「理由」。大清政權的解體和其意識形態不再與社會現實相適應是有很大關係的。當時，種種從西方進口的意識形態沒有一種

可以論證清政府的合理性，為清政府提供政權的合法性。各種進口的意識形態要麼和中國社會不相關，要麼可以對現政權產生非常負面的影響。

第二是政府和社會之間的溝通無法有效進行。對任何一個政權來說，其意識形態是軟力量，是政府和社會兩者溝通的最有效手段。在官方意識形態衰落的情況下，社會不再能夠理解政府的意圖，社會對政府既沒有信任感，也沒有信心感。相反，因為缺少官方意識形態，政府和社會之間的衝突面就突顯出來。兩者之間一旦缺失軟力量，那麼雙方的關係必然體現為「硬碰硬」，即暴力對暴力。

第三，缺失官方意識形態使得執政黨和其政府內部的腐敗每況愈下。執政黨從前有兩種力量，一是組織，二是意識形態。一旦沒有了意識形態這種軟力量的約束，而只有硬力量（組織）約束的時候，腐敗變得不可避免。在中國的文化環境中，意識形態往往扮演一種準宗教的角色，來規範和約束人們的行為。現在沒有了軟約束，硬力量的應用越來越強。但腐敗為甚麼仍然風行呢？很簡單，個人總比政府聰明。腐敗者總能逃離「硬力量」的約束，被發現腐敗案例總會是少數。腐敗不僅有效損害着政府的合法性，而且更使得維持政權的成本急劇提高。

第四，缺失官方意識形態，信仰不同意識形態的社會

羣體之間也容易發生衝突。一個社會出現意識形態多元化並不可怕,可怕的是這一社會沒有一個主流意識形態。很難想像,美國社會沒有了自由主義的意識形態會成為甚麼樣子?主流意識形態是調節社會羣體的有效手段。不同社會羣體因為利益不同會偏離主流意識形態,但它們的中心仍然以主流意識形態作為參照物。沒有了主流意識形態,那麼各社會羣體會顯得極其自私,因為它們視自己所信仰的意識形態為唯一真理。

第五,缺失官方意識形態使得社會成員,無論是官員還是老百姓,都感覺不到生活的真正意義。中國文化是世俗文化,沒有宗教。但這並不是說,中國人不需要宗教。在傳統社會,官方以儒家為核心的意識形態扮演了宗教的角色,因此儒家也被稱為「世俗宗教」。現在傳統文化衰落了,人們便轉向各種主義例如民族主義、民主、公平正義等等尋求意義,把這些視為是「世俗宗教」,但因為大多這樣的主義在中國並不存在,人們很難從這些主義中得到生活的真實意義。當然,也有大量的民眾直接轉型信仰各種宗教,也有人轉向創造宗教(大多是人們稱之為「邪教」的東西)。與之相關的就是中國各社會階層在商業社會面前顯得焦慮不安,安靜不下來。沒有能夠使人安靜下來的文化或者意識形態,社會就很容易發生動盪。

第三章

中國話語體系建設

一、中國的也可以是普世的

中國在國際事務中還沒有話語權

國際話語權就是要對西方國家和非西方國家、發達國家和發展中國家都能產生影響的軟力量。話語權的一個顯著特徵就是對方自願接受，而非被強加給予。在經濟力量迅速崛起以後，中國也想提出自己的國際話語權。儘管在「中國模式」方面，中國對發展中國像俱有一定的話語權，但從總體上看，目前中國在國際社會的話語權尤其對發達國家而言還是非常微弱的。中國現在已經是世界上第二大經濟體，外在的經濟影響力增大，但即使是在國際經濟上的話語權也並沒有顯現出來，至少是與其經濟力量不相符的，更不用說在世界政治上的話語權了。

經濟上，中國作為一個經濟大國卻面臨有責無權的局面。隨着中國的崛起，西方和發展中國家都要求中國擔負

起更大的國際責任，中國也在一定程度上願意負責。但是中國是通過「買單」和「開支票」等方式來承擔國際責任的，這種方法很不利於中國，從長遠來看不可持續。儘管中國有努力爭取提高自己在國際經濟體系上的話語權，例如 2016 年 G20 峰會和 2010 年世界銀行投票權改革，但是這些並沒有改變歐美主導國際金融體系的基本格局。

文化上，這些年來，中國開始提倡和鼓勵文化走出去（如建設孔子學院和媒體「走出去」等）。然而孔子學院只局限於語言教育，而語言只是文化的一部分。況且不論這種政府主導的文化推廣是否可持續，如果只是語言的推廣，是不能轉化成國際話語的。應當指出的是，即使是「孔子學院」的方式也已經開始出現很多問題。因為是側重語言教育，有關方面強調的是學生人數，而非中國文化對西方精英（例如學者）的影響。為了增加學生人數，一些孔子學院已經走向中學，並引起了西方社會的反彈。

政治上，西方的學界和政界把中國的發展模式概括為「權威資本主義」（authoritarian capitalism），由於這種模式與西方國家所秉持的民主發展模式（democratic development）背道而馳，因此被認為是會對西方政治價值構成巨大的挑戰，也會對現存國際秩序產生負面影響。西方各國的這種普遍擔憂促使他們有意無意地對中國施加共同的政治壓力。

軍事上，對國際關係的零和遊戲思維正加深着西方對中國的深刻疑慮和不安。對西方國家來說，中國在軍事上一舉一動都是威脅。西方社會理解中國軍事現代化的需求。任何國家隨着經濟的現代化軍事現代化不可避免。但西方所不理解的是中國軍事現代化的意向和戰略。

外交上，只要中國接受西方話語權，西方就高興。一旦中國與西方行為方式不一樣，西方就生氣。改革開放以來，中國在外交事務上一直努力闡述「和平崛起」或者「和平發展」話語，但「和平崛起」是針對中國本身的行為而言的，說明中國本身為甚麼和怎樣融入世界體系。這個話語很難論證中國的「走出去」及其在「走出去」過程中為甚麼會和西方的利益發生衝突，尤其在價值觀層面。中國已經進入世界體系，成為利益相關者，但在價值方面，中國和西方還是沒有達成共同點。沒有一定的共同價值，在處理無論是雙邊、多邊或者國際問題時，就難以達成共識。

對於非西方的發展中國家來說，中國還是有一些話語權的。近年來，在很多發展中國家的精英開始反思西方的「民主發展模式」的時候，中國的發展經驗開始對發展中國家產生很大的吸引力。中國實行改革開放政策近 40 年，不僅造就了內部經濟社會的持續發展，而且融入世界體系並起到越來越大的作用。在內部發展上，中國的發展模式

是漸進的、有秩序的，政治秩序和社會經濟的發展是一個良性的互動。在外交方面，中國積極參與和發起地區性的和國際性的多邊組織。中國參與發起的組織側重於解決問題與社會經濟的互動，不像西方國家組織的多邊組織那樣具有戰略性。此外，中國和發展中國家的經濟社會文化交往沒有其他的戰略和政治意圖，並且奉行不干預主義。中國在與發展中國家尤其是非洲國家的貿易和經濟交往中，既滿足中國自己發展的需要，也促進當地經濟社會的發展。這些都是西方國家沒有做到的。當然，也應當看到，儘管這種國際行為方式為發展中國家所接受，但很多發達國家則視其為一種威脅，認為中國正破壞着西方國家在發展中國家建立起來的遊戲規則，即有條件的經濟交往。

　　無論是內部發展還是外交交往，中國的行為模式都對發展中國家產生着深刻的影響。但是這方面也有很多問題存在。中國自己對這個模式是甚麼沒有說清楚，「我是誰」的問題還沒有回答。發展中國家當然可以以自己的角度來理解中國，但只要中國本身不能回答「我是誰」的問題，有關「中國模式」的話語權還是很難建立起來。同時，西方則用自己的話語來描述中國在這些地方的行為，如「新殖民主義」、「和西方競爭外交空間」、「搞全球外交」和「權威資本主義」等等。儘管中國沒有像西方那樣行為，

但很多發展中國家陷入西方話語體系多年，那裏的人們很多還是相信西方的話語，而中國本身也沒有能夠給這些國家的人和國際社會一個合理的說法。一些說法，不中不西，不倫不類，沒有任何影響力，這對中國很不利。中國要確立能夠解釋自己的國際行為的話語，就首先必須脫離西方的話語體系。用西方的話語來解釋自己只是對西方的一種「遷就」，而非和西方的平等對話。國際話語並不是自說自話、閉門造車能夠產生的，而是必須通過和西方、發展中國家的平等對話才能產生。如果不能產生一整套能夠解釋自己的概念和理論，就很難爭取到和西方的平等對話權。

中國必須提升國際話語權

目前中國提升國際話語權的有利因素主要是其經濟實力的增長。2012 年，中國的 GDP 已經超過日本，成為僅次於美國的世界第二大經濟體。中國的硬實力一直在上升，又是一個巨大的市場，無論是發達還是發展中國家都要和中國有經濟往來。中國的增長模式對發展中國家尤其具有吸引力，它們想要知道中國的發展經驗，即支撐硬實力增長的軟實力是甚麼。經濟力量的崛起，以及世界各國

對中國軟實力的了解的需求，為中國提升國際話語權創造了有利的條件。

中國提升國際話語權的不利因素主要在於其與西方（美國）不一樣的市場經濟、政治制度和意識形態。西方國家對中國「權威資本主義」發展模式的擔憂，促使它們會經常聯合起來對中國施加壓力。同時，西方各國普遍認為中國在軍事上崛起也會對現存的國際秩序造成很大的衝擊。

鑒於上述因素，中國提升國際話語權的難點在於如何讓中國能夠被世界尤其是西方所接受，如何讓國際社會相信中國的崛起是對這個世界有利的。從歷史上看，任何一個國家，如果要崛起成為大國，就必須在經濟增長的同時，造就一個為世界所接受的知識體系。英國的崛起不僅僅是經濟的發展，更重要的是其自由主義貿易體系理論的確立。古典自由主義的確立是對世界的一個貢獻。當然，這個理論體系既有利於英國，為英國在全球的貿易做了合理的論證，同時也有利於世界，推動了世界貿易經濟的發展。一個利己利人的思想體系也使得英國在很長歷史時期裏掌控了世界的話語權，充當了世界經濟體系的領導角色。

在英國之後，美國是世界的領導者。在自由主義理論方面，美國實際上沒有多大的創新，大多是繼承歐洲的傳

統。美國的貢獻在政策科學和實際政策的推行層面。二戰後，美國利用歐洲的經濟困難，推出了「馬歇爾計劃」，在復興歐洲的同時，成為世界經濟的領導者。這種領導權也體現在美國對世界經濟體系的重組。到今天為止的世界金融制度和貿易制度等都離不開美國的努力。也必須認識到，對世界秩序重組的核心是為了增進美國的利益。此外，美國也憑藉其強大的經濟實力，大力推行西方價值觀，民主、自由和人權是美國國際政治話語的核心。

現實地説，在所有這些傳統話語領域，包括中國在內的發展中國家很難和西方（美國）競爭，更難超越它們。發展中國家所能做的只是「依附」西方。這種依附性戰略除了能夠贏得西方的一些「同情」外，並沒有實質性的用處。中國要爭取國際話語權和領導權並不容易。如果在經濟自由和政治民主方面，中國很難作為，那麼就要在其他方面有所突破，這樣的突破也不是不可能的。

中國話語權建設的有效途徑和方法

（1）不重複西方的議題聯盟

在中國國際話語權建設中，中國不應該構建所謂的議題聯盟。西方推行其軟實力的失敗之處就是他們的民主

同盟。民主和自由歷來就是西方世界在國際事務中的軟實力，西方把推行西式民主和自由作為自己的使命，甚至不惜到處使用軍事力量。民主在亞非拉國家並不成功。這是因為西方國家在發展中國家推行民主的時候忘掉了西方式的民主是西方經濟社會發展和文化傳統的產物。很多發展中國家缺少有利於民主發展的文化，經濟社會發展水平低下，基本國家制度缺乏，民主沒有生存的根基。在這些國家，民主和經濟社會發展陷入了惡性的循環。同樣重要的是，西方在發展中國家推行民主往往並不是真正為了那裏的民主發展，而是為了其戰略利益。正是西方世界在全球範圍內推行西方式民主和自由，才導致了西方在發展中國家的影響力的衰落。

西方建立聯盟在全球範圍內推行民主的失敗表明軟實力是強加不了的，而是必須要能被國際社會的大多數成員自願接受，被不同的文化自願接受。中國在考慮國際話語能力建設時要考慮目標羣體，即希望被哪些國家、哪些文化接受，但是不可以明確建立議題聯盟，不要與他國尤其是西方對立起來。中國的國際話語應該是一種能夠得到國際社會認同的價值觀，必須結合中國本身的經驗，在和外在世界（既包括西方世界，也包括發展中國家）的互動過程中產生。在確立自己的國際話語過程中，中國沒有必要

排除西方和其他發展中國家的參與。如果目標是為了發展中國家的發展，那麼中國的國際話語必須是參與式和開放式的。西方所走過的單向的、意在把自身價值觀強加給他國的路已經被證明為行不通。參與式和開放式的國際話語既符合中國本身的發展經驗，也順應全球化這一大趨勢。

（2）加強中國模式的研究

那麼，在不建立議題聯盟的情況下，如何增進中國國際話語的滲透力和傳播力呢？如前所述，中國的軟實力必須要讓不同的文化接受，要讓別人自願接受，強制推行就不是軟實力了。每個文化都可以有自己的話語權。中國要做的首先是要回答好中國自己的軟實力是甚麼這個問題。正如前文提到的，儘管中國的發展經驗對其他發展中國家有吸引力，但是因為中國沒有說清楚自己的發展模式是甚麼，沒有建立起自己的一個對世界有貢獻的思想和價值體系，反而陷入了西方的話語體系，因而沒有能夠為自己的行為和發展提供一個合理的說法。因此，中國要提高國際話語權，就必須首先明確自己的模式到底是甚麼。近年來，有關中國模式的討論多了起來，但是深入的學術研究還是很少。學術研究是第一步，沒有這一步光是泛泛的政治說法不會有很正面的作用。動員大量的學術人才對中國

模式進行研究看來非常有必要。

（3）從文化到政治

中國建設國際話語應該要區分文化話語權和政治話語權，文化話語權與政治話語權的建設與推廣要一步一步來。要先從建設文化話語能力開始，再進一步發展到政治話語權和其他方面。歷史上，西方國家國際話語權的建立和推廣是從宗教話語權開始再到文化話語權再到政治話語權的。國際話語權的建立要有一個過程，不能一步到位、全面出擊，更不能強加於人。現在中國應該先注重文化話語能力的建設，比如目前在世界各地建立孔子學院推廣語言這種做法就是一個試驗。孔子學院大都只限於語言的教育，但正是因為只是一種語言的推廣，所以就不會被視為對西方文化構成直接的威脅，推廣的阻力也因此會相對比較小。當然，語言的推廣是不會直接轉化成文化話語權的，中國應該思考的是如何在這個基礎上一步步建立起自己的文化話語權，進而再發展到政治話語權的建設。

（4）孔子學院的轉型

在這個過程中，中國可以考慮逐漸把孔子學院從「大眾教育」（側重於語言學習）轉型成為「精英教育」（側重

於對中國的深入學術研究）。怎麼做？可以在完成了初步語言教育的基礎上把孔子學院轉型成孔子基金會。這方面中國台灣成功推行的「蔣經國基金會」可以效仿。孔子基金會可以設立各種項目，包括研究基金、獎學金和會議基金等等。中國可以成立一個專家委員會，有選擇地審批項目。這種側重於精英的方式遠較側重於大眾的方式來得有效。畢竟西方對中國的看法大都決定於那裏的媒體和研究人員。

(5) 強調和西方的互補而非不同

在建設中國國際話語權的過程中，強調中國與西方在基本價值觀方面的互補和協調非常重要。很多人在考量構造中國軟實力時，總是把中國放在和西方競爭的位置上，強調中國與西方的不同，即中國特色。中國和西方的確有競爭的一面。如果中國需要自己的國際話語，那麼就必須和西方的行為區別開來，這就是競爭面。但另一方面，中國話語和西方話語又具有很大的互補性。尤其從長遠來看，中國本身並沒有否認包括民主自由在內的西方價值的合理性，而更多的是強調西方民主自由價值不適合中國，因為中國和西方社會處於不同的社會經濟發展階段和文化傳統。同樣，在發展中國家，中國既不曾也沒有理由否認

西方價值的合理性。中國強調的是民主、自由等這些價值的實現需要一定的社會經濟基礎。沒有社會經濟基礎，即使民主發生了，也不見得能夠是和平的和可持續的。

（6）社會的參與

要啟動國內的話語倡議能力，就要讓更多學者爭論中國自己是甚麼這個問題。當前中國的政策在體制上不支持學者的爭論，構建國際話語的方式太過分依靠國家主導。政府在推廣軟實力的過程中作用過大，但實際效果並不理想。比如媒體的「走出去」政策，採用了非常急進和強勢的方式在世界範圍內推廣中國的軟實力，這些努力似乎不但沒有消除其他國家的疑慮，反而在加深他們對中國文化「擴張」的不安。因此，這種做法是不可持續的。

國際話語構建和軟實力崛起的主體是社會而不是政府，中外都如此。在構建國際話語的過程中，政府與社會要配合，要確保在國內首先達成共識。要達到社會共識，「不爭論」路線應當得到修正。如何通過大爭論來達到社會的共識，確立社會的共同價值，這應當是執政黨宣傳和理論部門改革的重要內容。推廣中國軟實力的社會力量既包括國內社會又包括海外華人社會。只有通過支持這些社會力量對軟實力的推廣，中國國際話語權的建設才能事半功倍。

中國的話語體系建設

（1）中國需要甚麼樣的話語

　　最主要的問題是中國需要建設甚麼樣的新話語。加強中國的國際話語建設，首先是要界定當今世界上的主流話語是哪些，包括政治、經濟、社會和外交等方面，並認清西方（美國）的強項和弱項。在此基礎上，中國要懂得揚長避短。對於西方的傳統強項，中國要強調協調和互補，不要與西方對立起來。對於西方的弱項，中國如果能夠實現這些話語，就能夠被國際社會接受。

（2）不能誇大和西方的衝突，要強調互補性

　　民主、自由、人權和市場經濟是西方的傳統強項。如前所述，對於這些，中國要強調與西方互補和協調的重要性，要強調相同的方面而不是一味強調不同之處。中國與西方不一樣的地方人家都知道，重要的是要讓人知道在這些基本價值觀上中國和西方在本質上是一樣的。中國提出的和諧、發展就是為了更好地實現民主、自由和人權。發展、平等、公正等理念是實現民主、自由、人權的條件，不能用前者來否定後者。

　　在強調普世性價值的存在的同時也要強調它們在每

一個國家和文化中的政治、經濟和文化的表達方式不同。簡單地說「西方的就是普世的」是不對的。任何一種文化尤其是文明都包含普世性價值。中國文明有中國式的人權等價值。正如溫家寶總理曾經強調過的：「科學、民主、法制、自由、人權，並非資本主義所獨有，而是人類在漫長的歷史進程中共同追求的價值觀和共同創造的文明成果。」在這個意義上說，中國的價值也具有普世性。

（3）中國的也可以是普世的

中國的改革開放既是普世價值在中國的體現，同時又為普世性價值增加了中國元素，比如民生權、和諧社會以及不一般的市場經濟。民生權與和諧社會在很多實行民主的發展中國家都無法解決和實現。權利不是抽象的，不同國家由於所處發展階段不一樣，其人民各種權利的優先權也不一樣。中國模式強調的正是各種權利獲得的階段性。任何一個社會，只有經濟社會方面發展到了一定的水平，人們的政治權利才有基礎。或者說，民主政治需要一個有效的社會經濟基礎設施。西方式的民主沒有解決發展中國家的民生權，反而帶來政治腐敗和社會亂象。而中國改革開放以後，大多數人民所獲得的包括政治方面的權利要比民主發展中國家的人民多得多。此外，中國特色的市場經

濟對平衡世界經濟的貢獻也在 2008 年金融危機中得到突顯。改革開放是中國的最優實踐，可以被轉化成中國的國際話語權，這是目前很多國家都需要的經驗。

（4）尋找新的話語源

西方的弱項在於氣候變化、環境保護等方面。這並不是說，西方在這些方面沒有話語，而是因為西方缺少有效的機制來實現這些話語。而這些話語在很大程度上已經變得甚至比民主自由更重要。這些年來，隨着氣候的急劇變化，以低碳經濟為核心的環保經濟已經成為全世界的關注點，國際社會對環保經濟的共識也越來越高。西方儘管長期以來在環保問題上掌握着國際話語權，但他們並沒有能力起到實際上的領導權。在國際層面，西方沒有履行在金錢或者技術上對發展中國家承諾的援助。相反，在面臨中國和印度等新興經濟體時，他們轉而向這些發展中國家施加莫大的壓力，要求它們承擔更多的責任。推卸責任是國際社會對美國的認知。在國內層面，西方國家在低碳經濟方面遇到了強大的既得利益的阻力，無所作為。這自然導致了國際環保組織和國際社會對發達國家的失望。

就中國來說，可以把氣候問題鑄造成為另外一個議程，藉此爭取中國的國際話語權，甚至是部分領導權。如

果中國在環保經濟方面能夠取得重大的突破，那麼無論在國際話語方面還是在造就新經濟增長動力方面就可以在國際上起到引領作用。因為「科學發展觀」的提出，環保經濟實際上已經成為中國政府的政策話語的核心。只不過「科學發展觀」關切的是內部發展，而非國際發展層面。不過，把環保經濟造就成為中國國際話語體系的核心一部分並不難。就像美國借用歐洲的自由主義思想體系一樣，中國在弘揚本身的環保理念的同時，同樣可以借用西方的環保思想體系。

重要的是政策執行。中國內部在推行環保經濟時也同樣面臨強大的既得利益的阻礙。不過，和西方比較，中國具有強有力的經濟和政策工具來落實環保經濟。中國的體制至少在兩個方面存在着優勢。一是強大的國有企業。正如 2008 年金融危機之後所顯示的，中國強大的國有部門能夠成為政府推行政策的強有力的工具。一旦國家（環保經濟）意志確定下來，國有部門可以成為執行國家意志的直接手段。二是國家對經濟強大的干預能力。和西方自由經濟體不同，中國政府始終保持着對經濟部門的干預能力，無論是國有部門還是非國有部門。國家可以通過各種經濟和金融工具控制和影響投資方向。這兩方面是西方各國所不具備的。這也就是西方往往是光有政府的（環保經

濟）話語，而沒有能力把話語轉化成為政策的主要因素。
更為重要的是，中國社會層面也積聚了足夠的環保壓力來
促使經濟增長方式的轉型。前面近四十年人們拼命追求經
濟的高增長，但現在人們感覺到，在高增長帶來了巨大財
富的同時，越來越多的地方（無論是城市還是鄉村）因為
環保問題已經變得不適宜人類居住了。國家的環保意志、
政治動員能力和社會壓力，結合在一起，就可以造成強大
的經濟增長方式轉型的動力。

　　對中國來說，環保經濟可以說是國際責任、國際話語
權（領導權）和本身可持續發展的結合點。從這個角度看，
中國不能光在國際層面和其他國家討價還價，而是要全心
全力促成自己經濟增長方式的轉型，造就一個環保經濟。
可以毫不誇張地說，至少在世界經濟領域，誰控制了環保
經濟，誰就可以主導新的世界經濟增長，可以主導國際發
展話語權和國際社會的領導權。無論從環保經濟的知識體
系的存在還是從體制動員能力來看，中國在這方面具備很
大的競爭能力。

（5）做好「國際責任」這篇大文章

　　近年來，因為金融危機，西方社會關於中國經濟責
任論的討論非常之多。在氣候、環保等方面的話語權可以

結合目前國際社會有關中國的國際責任的話語來展開。國際責任話語也包括中國在一些國際大是大非問題上的責任，包括中東和朝鮮的核武器問題。國際社會對中國國際責任的討論會越來越多，中國也不可避免承擔越來越多的責任。國際社會的中國責任論既是一種壓力，也是一種機會。既然中國避免不了這種壓力，那麼就要把它看成一種拓展中國話語權的機會。

最後，需要指出的是，在建立國際話語權的過程中要把軟實力和硬實力區分開來，要把話語權和具體的政策區分開來。像資源能源定價這些是商業政策行為，是硬實力，而不是話語權，兩者不應混淆。

二、中國外交的大變局與大抉擇

各種跡象表明，中國的外交正面臨史無前例的大變局。在經濟上，就 GDP 總量來看，中國已經成為世界第二大經濟體。因為中國人均 GDP 仍然很低，人們不認為

這一變化對自己有甚麼具體的影響。但在海外，中國超越日本的事實則是意義非凡的。再者，中國的高速經濟發展是開放狀態下取得的，中國經濟現在已經是世界經濟的內在一部分。正因為如此，中國也已經成為推動經濟全球化的主動力。當發達國家都在推行各種變相的貿易保護主義的時候，作為仍然是發展中國家的中國，則在全力推動貿易自由主義。

中國經濟的外在影響，也必然反映在世界權力分配上。中國進入世界體系之後，在體系內部一步步穩定地往上升。儘管諸多國際經濟組織，包括世界銀行和國際貨幣基金組織都是西方建立的，但中國在這些組織中間的地位正在快速上升。在很大程度上，這意味着中國至少在經濟領域開始和其他大國一起「掌管」世界經濟秩序。中國早已經是聯合國常任理事國，也扮演着越來越重要的作用。不過，中國在世界經濟秩序中的角色，更具有實質性的意義。開始有能力「掌管」世界經濟秩序，為中國提供了甚麼樣的機遇？這是人們必須思考的問題。

另一方面，中國也面臨着非常嚴峻的外交局面，表現在方方面面。在經濟上，中國的出口導向型經濟被認為是應當為全球經濟失衡負責。在這一認知下，美國（和西方）對人民幣匯率問題施加越來越大的壓力。中國快速的經濟

發展，被認為是和其競爭資源。而與經濟發展緊密相關的氣候和環保問題，也已經成為中國外交的重要一環。更典型的是在戰略方面，中國面臨着巨大的不確定性，不僅表現在大國關係，而且也表現在中國和周邊國家的關係上。

進入 2010 年以來，中美關係、中韓關係、中日關係、中國和東盟（亞細安）的關係都在發生巨變。在所有這些關係裏，美國等國家和中國的互動方式令人擔憂。美國是今天世界上最強的軍事大國。因為美國在經濟方面的力量開始顯得力不從心，使得美國更加偏向注重軍事力量和軍事手段。美國不斷和中國周邊國家在中國近海進行軍事演習，而中國也不甘示弱。雙方強硬的軍事聲音，似乎大於理性的外交聲音。

中國的抉擇決定世界未來格局

很顯然，中國面臨「機遇」，也面臨「憂患」。「機遇」和「憂患」，說穿了就是兩種互為矛盾的力量。人們既可以利用「機遇」來克服「憂患」，但也有可能因為防範「憂患」而忽視或者放棄「機遇」。抓住了「機遇」，「憂患」就不成為「憂患」，單純地防範「憂患」，「憂患」則會變得更加真實和深刻。因此，這裏就面臨一個「如何選擇？」

的問題：如何抓住「機遇」？如何防範「憂患」？實際上，中國的選擇不僅會決定中國自身的未來，而且也決定世界權力格局的未來。

中國現在的選擇決定未來，這是中國自改革開放以來所證明了的。20世紀70年代末期，儘管世界還處於美蘇冷戰時期，但鄧小平敏銳地感覺到了中國的機遇，毅然作出了「改革開放」政策的選擇。中國的這一選擇既改變了中國自身，也改變了日後的世界。當時貧窮的中國，要發展就需要一個和平的國際環境。但這樣一個和平的國際環境並不是從天上掉下來的，而是自己爭取來的。為此，中國放棄了從前的封閉政策，打開國門，改革自己，和世界接軌。在沒有多長時間裏，中國成為了世界體系的一部分。如果沒有當時鄧小平的理性選擇，很難想像中國今天在國際社會的地位。

中國的選擇也改變了世界。最直接的就是給當時以蘇聯為首的東歐陣營產生了很大的壓力，引誘出日後的巨變。有人說，中國改革開放就決定了柏林牆要最終倒塌，這不無道理。

今天，中國面臨新的國際局勢和權力分配，再次面臨選擇。但中國的選擇並非是自由選擇，而是取決於國際權力格局。理性的選擇，取決於中國能否準確認識自己在國

際權力格局中所處的位置。

從結構因素看，現在面臨一個實際上的 G2 結構：中美兩國同處一個國際結構，並且兩國都處於這個結構的頂端。兩國的互動因此極為關鍵。所謂的互動，就是一方的行為影響着另一方。

美國是這個體系的既得利益者，而中國是後來者。美國的行為深刻影響着中國，中國如何回應美國的行為，又決定着美國日後如何行為。

一個顯著的特點是，美國在國際政治舞台上越來越突顯其軍事力量。自冷戰時期以來，在很長時間裏，美國政治、經濟和軍事力量「三權合一」，即在政治（民主、自由和人權）、軍事和經濟方面，美國的力量都是無以倫比的。美國「三權合一」的優勢在冷戰之後達到了頂峰。但是，好景不長。美國濫用權力，要以民主政治和經濟自由主義來「終結」世界歷史。結果，在推行民主方面連連受挫，而經濟上毫無約束的新自由主義，更是導致了國內深刻的經濟危機。近年來，受金融危機極度影響的美國經濟，似乎沒有能力得到快速地恢復。可以想見，在美國全面恢復其經濟和政治信心之前，軍事力量很容易走上美國外交和國際關係的前台；在一些時候，軍事力量的使用甚至變得不可避免。

在這種情況下，中國如何反應成為關鍵。中國如果像蘇聯那樣，同樣使用軍事力量來反制美國，那麼就很有可能再次把世界體系一分為二。這種「以牙還牙」方式是西方盛行多年的所謂現實主義的邏輯。有人認為，因為中美兩國的經濟已經達到了相當高的互相依賴程度，不可能想像世界秩序還會一分為二。不過，相互依賴只是增加了美國或者中國退出這個體系的成本和代價，而不能從制度上阻止任何一個國家的退出。

　　第一次世界大戰之前的情形也是這樣。當時歐洲各國經濟貿易往來頻繁，形成了一波早期全球化浪潮，一些人認為沒有任何國家能夠不顧其巨大的經濟利益而和他國發生戰爭，他們因此預言歐洲的永久和平與發展。但經濟上的互相依賴終究沒有能夠阻止歐洲各國之間的戰爭。（此後，西方社會一直在尋找甚麼樣的機制能夠阻止國家間戰爭的爆發，包括權力平衡和制衡理論、霸權理論、民主政體，等等。）

　　中國會不會因循西方帝國（包括蘇聯）的軍事邏輯？面對外在的巨大壓力，中國必然會也必須要加速其軍事現代化來加強其國防。沒有一個國家會陷入沒有軍事力量，其國家利益會得到有效保護的迷思。同時，因為中國的外向型經濟，無論進出口還是投資，其經濟和世界經濟體的

相關性會繼續強化，這也要求中國發展軍事力量來保障其海上航道的安全。實際上，保障海上航道的安全不僅僅是美國和其他大國的關切，更是中國的關切。中國已經是世界上第二大經濟體，很難想像如果沒有強大的海上軍事力量，中國是否能夠保障其外向型經濟發展的可持續性。同樣重要的是，中國的經濟地位也要求其有能力來為維持世界秩序做些事情，就是說，中國要發展出自己承擔和履行國際責任的能力。在這方面，中國（正如一些美國學者所強調的）一直是一個「搭便車者」（free rider）。無論是自身經濟安全的需要還是履行國際責任，中國本身必須具備能力，「搭便車」是不可持續的。

但是，這並不是説，中國必然成為另外一個西方式帝國。中國可以做這個選擇，但從歷史經驗看，中國更可能選擇繼續目前的經濟現代化道路。就是説，中國會繼續是一個經濟大國，而軍事的現代化會繼續處於次要位置，僅僅是為了上述各種需要：自我防衛、經濟安全和履行國際責任。

自近代以來，中國到今天開始第一次真正發揮具有實質性的外交影響力。儘管各種內部制度因素繼續制約着中國的外交影響力，但外在世界已經感受到了中國日益高升的外交影響力。很顯然，這種影響力主要是因為中國的經

濟發展和中國經濟與世界經濟的相關性，而非中國的軍事現代化。和日本在釣魚島「撞船」事件上的較量，已經充分顯示出中國經濟的能量。從前總是西方國家對中國實行經濟制裁，但中國現在也已經具備了這種能力。西方國家對中國出口貿易和人民幣幣值的關切，也是中國經濟能力的反映。這方面的能力必然會隨着中國的經濟發展而持續得到加強。

中國大外交的新時代

中共十八大以來，新一代領導人形成了新的改革和發展模式。通過十八屆三中全會和四中全會，中國內政方面的發展方向已經表述得很清楚。兩個全會所通過的 500 多項改革方案如果落實，未來將出現很不一樣的中國。這些發展規劃所着眼的，關乎中國未來 30 年至 35 年發展的長遠規劃。中國領導層所提出的中華人民共和國成立 100 週年計劃，現在已經過去了近 70 年，未來 30 年該怎麼走？這個問題，不僅中國人關心，世界各國也非常關注。三中全會和四中全會的決定，已經給出了明確的藍圖。

在外交方面，中國未來又該怎麼走呢？如同內部改革與發展，這個問題對中國和世界也同樣重要。對中國來

說，它關乎是否有能力塑造可持續的外部和平環境，不僅有利於自己的可持續崛起，而且也有能力承擔大國維護國際和平的責任。對外部世界來說，則關乎崛起的中國會對世界帶來怎樣的影響，不僅僅希望中國的崛起不會顛覆現存世界秩序，而且更可以從中分享巨大的利益。

中國已經發展成為世界第二大經濟體。儘管經濟發展速度已經進入習近平所說的「新常態」，但較之其他國家，勢頭仍然是最強勁的。今天的中國是否還會繼續鄧小平20世紀80年代所提出的「韜光養晦」戰略呢？這一直是國際社會高度關注的問題。近年來，無論是大國外交還是周邊外交，中國都發生了巨大的變化，從「韜光養晦」轉向了「有所作為」。但在國際社會看來，中國外交開始具有了「自信性」甚至「進攻性」。很多國家，尤其是那些和中國存在領土和領海糾紛的國家，因此把中國視為直接的威脅。崛起的中國和外在世界的這種互動，也使得中國的外交環境發生着很大的變化。這些都表明中國迫切需要明確的大外交戰略。

無論從中國外交的實際行為還是話語看，從中共十八大到今天，中國的大外交戰略基本形成。但這不僅是指亞太經合組織會議、領袖外交等這類日常外交，更是指中國對國際形勢的判斷、其大外交思路和戰略等的籌劃。新的

外交思路就是「兩條腿走路」的大外交：一方面是與美、歐、俄等建立新型大國關係；另一方面是面向發展中國家的「一帶一路」的新絲綢之路；連接這兩個方面外交的則是「周邊外交」。這個大外交戰略的核心話語就是和平與發展，在維持和平的基礎上求發展，在發展的基礎上爭取和平。

這一外交思路和戰略與鄧小平以來的外交一脈相承，很多具體內容過去已經開始做了，但是在外交戰略上更明確了。對中國這樣的大國來說，有明確的大外交戰略，其重要性怎麼說都不會過分。在中國改革開放的早期，實行的政策是「請進來」（即把自己的大門向外在世界開放）和「接軌」（即改革自己的內部制度體系來和國際秩序接軌）。在這樣的情況下，的確可以做到「韜光養晦」，因為無論是「請進來」還是「接軌」，都不會和外在世界發生根本性的衝突。

但今天中國開放進入「走出去」階段，並且已經成為世界政治經濟舞台的一個主角，這必然和舞台上的「既得利益」者發生互動和衝突。在這樣的情況下，中國必須回答自己需要甚麼和如何行動等問題。只有外交戰略明確了，才能獲得他國理解，並且通過調整來相處。在以往很多年裏，儘管客觀上中國需要形成自己的大外交戰略，但

實際上並不能拿出這樣一個戰略，因此外交的很多方面既缺方向，更缺行動力，造成了「大國小外交」的難堪局面。

在習近平的大外交戰略中，新型大國關係佔據關鍵位置。在習近平與美國總統奧巴馬的幾次談話中，非常明確地提出建設和實踐中美新型大國關係。這個概念也適用於同歐洲、俄羅斯、印度等大國的關係。新型大國關係既是國內發展的需要，更是國際和平的需要。中國是世界貿易大國，與各個國家在經濟、技術、環境等各方面有很多交往與合作。中國過去近四十年的發展成就，和加入西方所主導的國際政治經濟體系密切相關。中國今後的可持續發展，仍然需要向西方國家尤其是美國開放。

不過，中國與這些大國交往，要解決的不僅是貿易問題，更重要的是戰爭與和平的問題。歷史上看，一個崛起中的大國經常挑戰現存大國，而現存大國則往往恐懼於前者，這導致了無窮的戰爭和衝突。要維持世界和平必須尋找新的道路。能對中國構成致命的外在威脅的也是這些大國。可以預見，在今後很長的歷史時間裏，隨着中國的繼續崛起，這些大國越來越把中國視為競爭者，甚至敵人。這不難理解，既得利益者總是不喜歡有新的利益者崛起。因此，如何同現存既得利益者和平共處，是中國尋求建立新型大國關係的主要意義，也是中國作為大國所應當承擔

的國際責任。

在第二個層面，中國也形成了以發展中國家為目標的「一帶一路」。儘管「一帶一路」也連接歐洲的發達國家，但主要目標是發展中國家。作為最大發展中國家，中國能為發展中國家做甚麼？從戰略上說，中國光有「新型大國關係」並不足以立足於國際政治舞台，拓展同發展中國家的關係，能開闢中國國際戰略的「大後方」。這個「大後方」做實了，才會具備更大的力量來實施「新型大國關係」。中國提出的「一帶一路」的發展藍圖，就回答了這些問題。

新「絲綢之路」首先是一個促進發展中國家發展的問題。「一帶一路」沿途多是發展中國家，甚至不發達國家，需要基礎設施建設和發展經濟。而中國擁有豐厚的資本、基礎設施建設能力和技術、過剩的產能及其需要拓展的新市場，這些都是很多發展中國家所需要的。從供求關係來說，這是雙贏的發展戰略。在這方面，中國將避免走西方殖民主義的老路，剝削發展中國家的初級原料、傾銷自己的商品。中國的道路是讓發展中國家也發展起來，中國提供的是他們所需要的資金和技術。只有其他國家也富裕起來了，中國本身的發展才是可持續的。

今天的西方國家儘管很發達，但也面臨着高度發展的瓶頸，很多國家內部發展缺乏動力，更別說幫助發展中國

家了。即使那些具備能力的西方國家，也往往因為意識形態（民主、人權等）的制約，為援助設置了諸多「條件性」。中國則不一樣。中國面臨中等收入陷阱，要逃避這個陷阱，唯有走向發展中國家。而西方對中國的恐懼和與之而來的貿易保護主義，更促使中國走向發展中國家。

　　無論是建設新型大國關係還是實施「一帶一路」，中國外交戰略的核心便是周邊外交，這主要是中國特殊的地緣政治環境所決定的。中國的大國外交不能學英國和美國。英國是海洋國家，而美國周邊國家只有幾個。中國既是陸地國家也是海洋國家，並且周邊有十幾個國家，需要根據自己所面臨的地緣政治環境，制定有效的國際發展戰略。中國外交的前沿是周邊國家，北邊有俄羅斯，東邊有發達的日本、韓國等，西面和西北面、南面和西南面都是發展中國家。在今後很長的歷史時間裏，主要的地緣政治壓力來自美國。不過，中美之間沒有直接的地緣政治衝突，就兩國雙邊關係來說，已經形成了高度的互相依賴性。中美之間的衝突，主要是中國和周邊美國盟友之間的衝突。這種情況決定了建設新型大國關係和周邊外交密不可分。同時，「一帶一路」的起點也是周邊國家，從這個角度說，「一帶一路」也是周邊外交的內在部分。

　　新形成的大外交戰略之所以可能，是因為其符合「時

代精神」。每一個時代要有符合時代精神的東西，英國崛起，主張自由貿易；美國崛起，主張自由民主；中國的時代精神，是和平、開放、包容式的發展。這是新的時代精神。中國不會也不能重複從前英國、美國崛起的模式，而是要追求新型的崛起。中國歡迎周邊國家「搭中國崛起的便車」，表現在中國已經提出的「一帶一路」、建立亞投行倡議，成立絲路基金等動議上，並且以後還會有更多的動議。

這些動議都是區域和國際經濟發展的工具，具有開放性，符合中國歷來提倡的開放的區域主義精神。發展的開放極其重要，開放才具有包容性。這也是從前英國和美國成功最關鍵的因素。在今天全球化背景下，國家之間的競爭力，不在於誰更民族主義，而在於誰更加開放。國家越開放就越發展，因為可以調動國際生產要素的流通和有效配置。西方國家從開放走到今天的貿易保護主義，如果不改變，就不可能很好地發展。現在中國是世界上最開放的國家之一，是最大貿易國，這要求中國更大的開放。

所有這些客觀條件迎來了中國的大外交時代，而新領導層也抓住了這個機遇，確立了大外交戰略。這是中國可持續崛起所必需的。不過，中國的大外交既創造了新的機遇，但也不可避免帶來了不確定性，對中國來說，甚至包

含危險性。在實施大外交戰略的過程中，犯些小錯誤在所難免，但中國必須避免犯顛覆性錯誤。如果犯了顛覆性錯誤，不僅促成不了中國的崛起，反而會導致崛起之前就開始衰落。

從歷史的經驗看，中國的理性選擇或者不選擇應當包括如下幾個方面：

第一，中國不可選擇（無論是主動的還是被動的）退出現行國際體系。這裏會有兩種情形。一是當中國感到外在世界太麻煩了，就選擇孤立，自我封閉起來；二是另組一個國際舞台，如同蘇聯一樣。在當今世界，也的確有些國家（尤其是那些被西方視為「敵人」的國家）希望中國能夠站出來和西方對立。孤立主義顯然行不通。封閉就要挨打，這是近代歷史給中國最慘痛的教訓。而一旦選擇另組體系，中國必然面臨一個規模和能量無比強大的對立面體系。

第二，中國不可選擇走軍事國家道路，包括模仿德國、日本和蘇聯。中國要進行軍事現代化，但軍事現代化要最大限度限制在防禦政策界內。一個國家的軍事力量是否可以持續，最終還是要取決於經濟實力。單純的軍事現代化不足以成為一個大國，並且一旦走上軍事道路，經濟就會變得不可持續。和前一種情形一樣，一旦中國選擇軍

事國家道路，就必然會產生出自己的對立面，即另外一個視中國為威脅的軍事國家或者集團。

第三，中國不可選擇美國的道路，到處擴張，並且動不動就使用軍事力量。今天世界上的很多問題，都是以美國為首的西方動用軍事力量的結果。當然，動用軍事力量也已經給美國造就了巨大的負擔。美國在維持世界秩序方面遠不及 18 世紀、19 世紀的英國。

第四，中國應當繼續選擇做經濟大國。歷史上，中國成為亞洲大國是因為其經濟力量及其和經濟力量相關的文化崛起。同樣，中國用來維持亞洲國際體系的也是經濟力量，即「朝貢制度」（貿易安排），而非軍事力量。在所有這些方面，今天也不例外。中國的選擇也會制約着美國往軍事國家的方向發展。就是說，中國經濟能力增加這個事實，本身可以促使美國走向同一「跑道」，即經濟競爭。中美兩國經濟上的競爭要好於軍事競爭。

第五，中國要選擇在和其他國家互動過程中，來確立和培養自己的國際責任感，而不是像美國那樣簡單地把自己界定的「國際責任」強加給他國之上。當然，中國也必須發展其承擔和履行國際責任的能力。

塑造中國崛起的新國際戰略

自中共十八大以來，中共高層一直在討論「兩個一百年」目標的問題，「兩個一百年」即中國共產黨成立一百年和中華人民共和國成立一百年。從這些年的發展趨勢來看，在今後的幾年裏，中國有足夠的能力實現第一個一百年的目標。第一個一百年的目標早已經相當明確，具體體現在中國第十三個五年規劃（十三五）上，即全面建成小康社會。

更具體地説，就是要在十三五結束時，中國的人均國民所得從現在的 9000 美元左右提升到 12000 美元；只要實現年均 6.5% 的經濟增長率，就能達到這個目標。同時，中國也正在進行一場全國性的精準扶貧運動，以控制絕對貧困人口的數量。

一般認為，鑒於中共強大的動員能力，實現這些具體目標沒有大的懸念。這意味着，十九大之後中共高層會把重點放在實現第二個一百年的目標。儘管這個目標仍然需要細化，但大方向已經有了，反映在「中國夢」、「中華民族復興」等概念中。

內部的發展目標對中國外交也必然發生重大影響，甚至是決定性的影響。改革開放以來，一個有利的國際環境

幫助了中國實現第一個一百年目標。無疑，要實現第二個一百年的目標，中國仍然需要有利的國際環境。

改革開放以來到今天，中國的外交取得了很大的成就。尤其和其他幾個大國相比，中國的成就更是顯然。無論是美國還是俄羅斯，都在不同程度上挑起和捲入國際紛爭甚至戰爭。但中國外交，用中國自己的話來說，則是「一心一意」謀求內部的發展和外部的和平崛起。

這一外交「教義」促使中國能夠抓住「國際機遇」。今天的中國正在經歷一個非常關鍵的轉型，即從早期的「抓住機遇」到「創造機遇」。

在前面的數十年裏，中國有效地抓住了有利的「國際機遇」。在 20 世紀 80 年代，鄧小平作了一個偉大的判斷，即認為國際大環境是和平的。在這一判斷之下，中國才開始了改革開放政策。鄧小平也定義了中國外交所應當有的方法，即「韜光養晦、有所作為」。

在 90 年代，中國進而提出了「和平崛起」的戰略，一方面加入國際體系，與世界「接軌」，另一方面要在現存國際體系內部「和平崛起」。這些政策無疑有助於中國「抓住機遇」，而中國也的確抓住了當時的機遇。中國加入了包括世界貿易組織在內的所有重要國際組織，抓住了自 80 年代開始、90 年代加速的全球化進程。

儘管全球化也給中國帶來了一些負面效應，例如收入差異的擴大和社會的分化，但中國總體上也藉着這一波的全球化，成為世界上第二大經濟體和最大的貿易國。過去的實踐表明，如果對國際形勢沒有正確的判斷，就很難制定正確的政策，抓住發展機遇。

經過這幾十年的努力，現在中國已經有了足夠的能力來為自己創造一個有利的國際環境，為自己創造有利於內部可持續發展的國際機遇。十八大以來，在總結前面的經驗基礎上，中共更是已經探索出自己的一條道路，不管是針對大國、中等國家的還是小國。筆者把自黨的十八大以來的中國外交戰略概括成為「兩條腿、一個圈」。

第一條「腿」即新型大國關係建設。新型大國關係儘管最先是針對美國提出，但這一概念的應用不僅針對美國，也針對俄國和印度等其他大國。習近平本身多次強調，中國要避免歷史上一而再、再而三出現的「修昔底德陷阱」，即守成大國和新崛起大國之間所發生的爭霸戰爭。中國既不想和「守成」的美國發生衝突，也不想和緊隨自己的新興大國印度發生衝突。

因此，無論對美國和印度，中國盡力保持克制，千方百計地尋求通過非戰爭的方式來解決衝突。例如，2017年中印洞朗對峙局面。在長達兩個多月的對峙期間，用戰

爭解決問題的聲音在兩個國家都很高漲，引發了對第二次中印戰爭的猜測和疑慮。不過，兩國以和平方式結束了洞朗對峙局面。就中國來說，這可以說是成功地把「新型大國關係」引用到對印度關係的一個成功案例。

第二條「腿」即是針對廣大發展中國家的「一帶一路」。儘管「一帶一路」涵蓋發展中國家和發達國家，但其主要對象是發展中國家。沿邊國家大都是發展中國家，有不少甚至是貧困國家。

一方面，中國要通過「一帶一路」實現「走出去」的目標，服務於國內的可持續發展；另一方面，藉此盡到大國的責任，為這些國家提供區域的和國家「公共物品」（public goods）。用中國自己的話說，就是容許發展中國家搭中國經濟發展的「便車」。這是一種包容式、開放式和參與式的區域和國際發展模式。

「一帶一路」已經有很多國家加入。即使是從前持懷疑甚至是反對態度的美國和日本，也在改變它們的態度。這兩個國家都派代表參加了 2017 年 5 月在北京召開的「一帶一路」國際峰會。

「一個圈」即中國的周邊外交。周邊外交可說是中國外交的核心，這是由中國特殊的地緣政治位置決定的。中國周邊十幾個國家，如果搞不好周邊外交，中國崛起的難

度可想而知。黨的十八大以來，中國在早些年提出的「睦鄰」、「安鄰」和「富鄰」的基礎上，進一步提出了「亞洲命運共同體」的概念。

這些年來，儘管中國和一些鄰居國家就南海問題面臨緊張的關係，中國堅守自己的核心國家利益，但中國從來沒有動用過西方慣用的「經濟制裁」等手段；相反，儘管中國和有關國家政治、外交關係很冷，但經貿關係從未冷卻。這也是這些國家之後能夠快速改善和中國關係的基礎。

在國際層面，今天的西方因為內部經濟困難大搞民粹主義，導致經濟民族主義和貿易保護主義的盛行，使得現存國際經濟體系岌岌可危。但中國領導層則清醒地意識到，無論是內部的民粹主義還是外部的經濟民族主義，都不是解決內外部問題的有效方式，無論是反全球化還是逆全球化都會雪上加霜。

全球化既勢不可擋，又是創造財富的有效機制。中國領導人利用各種國際場合，無論是 2016 年的杭州 G20 峰會，還是 2017 年初的達沃斯論壇，或者 2017 年 5 月北京的「一帶一路」國際峰會，都相繼釋放出繼續推進全球化的強大信號。今天中國是少數幾個大力推進全球化的國家。同時，中國也在努力探索解決全球化所帶來的社會問題，主要是財富分配不均和社會分化。例如，中國希望通

過「一帶一路」的基礎設施建設，讓當地社會的大多數人受惠。

儘管一些西方人認為，今天的中國已經放棄了鄧小平時代的「韜光養晦」的國際戰略，但實際上，世界上從來沒有像今天的中國那樣「韜光養晦」的。從前的大國，在其快速崛起的過程中，無論是成功的英國和美國，還是失敗的德國和日本，大都發展出如何擴張，甚至如何稱霸世界的戰略；但今天的中國努力探索的則是如何和平崛起，如何為世界的和平做貢獻。

不過，人們也要意識到，迄今為止，中國崛起的不同方面是很不平衡的。總體上說，中國在經濟貿易方面進展很穩健，但在戰略方面仍然面臨巨大挑戰。從以前大國崛起的經驗看，崛起包括經濟上的崛起和戰略上的崛起兩個方面。

無論是大英帝國還是美國，它們是在這兩方面同時崛起的。而蘇聯的崛起主要表現在軍事上，因此不可持續。日本的崛起只表現在經濟上，而非戰略上。日本因為是美國的同盟，戰略上也不可崛起。這也表明，日本從一開始就注定了不能成為世界大國。

中國既要實現經濟崛起，也要實現戰略崛起。而後者則顯然是中國的「短板」。不過，在戰略崛起方面，中國

也取得了不小的成就，主要表現在東海、中國南海和處理同印度的關係中。在東海的釣魚島問題上，中國並沒有對日本的挑釁退讓，現在已經形成了穩定的互動模式。

在中國南海，中國幾經艱苦的努力，已經改變了從前被動回應的局面，轉為主動掌控局面。儘管中國南海問題還沒有解決，但現在中國已經處於主動地位，無論是美國還是東南亞相關國家都是對中國的「回應」。相信隨着《南海行為準則》的進展，各方可以找到更多穩定局勢的機制和方法。

在與印度的邊界問題上，中國在耐心和克制的前提下，也通過各種方式對印度施加壓力，和平結束對峙。儘管未來和印度的關係並不容易處理，但如果中國能夠繼續把「新型大國關係」應用到對印度的關係，是可以找到一條有效途徑的。

現在中國面臨着一個前所未有的挑戰，即朝鮮半島核危機。在這個問題上，中國已經面臨着雙重的國家安全威脅，即來自朝鮮的「核危機」和來自美韓的「薩德危機」。更為嚴峻的是，如果朝鮮成為核國家，中國的未來安全問題完全沒有了保障。

今天，中國周邊已經有了三個核國家，即印度、巴基斯坦和俄羅斯。如果朝鮮變成核國家，一下子可能增加三

個，即朝鮮、日本和韓國。日本已經是一個事實上的核國家，韓國發展核武器也不會有很大的困難了。更為糟糕的是，如果中國處理不好朝鮮問題，中國台灣地區也必然有野心來發展核武器。如果那樣，中國的國家統一問題就會面臨更為嚴峻的考驗。

歷史地看，一個國家的大國地位，從來不會從天上自動掉下來，而是要經過很多次大考。改革開放以來，中國已經經歷了很多次國際大考，通過了，並且考得也不錯。但如果這次朝鮮問題，中國考不過，不僅很難成為大國，更難保障未來的國家安全。

因此，在很大程度上說，朝鮮半島的這次考試甚於1962年美國的古巴導彈危機。如果美國當年不是冒着和蘇聯進行核戰的風險，來果斷處理古巴導彈危機，美國很難崛起成為日後的美國。

無論是中國南海問題、和印度的對峙，還是朝鮮核危機，無疑都是對中國的考驗。不過，從另外一個角度看，這些也是中國崛起的國際機遇。處理成功了，就崛起一大步。每一次危機，如果都能認真對待，在正確判斷的基礎上，果斷行動，就可以以更快的速度實現國家的真正崛起。

第四章

從文明角度把握中國的未來

一、告別中國百年悲情

中國正發展新的文明因素

1989 年美國學者福山在《國家利益》雜誌上發表了題為「歷史的終結」一文。文章的中心觀點只有一句話，西方式的民主是人類歷史上最終的政治制度形式，其他制度形式終將消失在歷史舞台上。

福山似乎預見了隨之而來的蘇聯東歐社會主義政權的解體。當然，正是因為蘇東社會主義政權的解體，使得福山的觀點名噪一時。

但不久之後，1993 年，另一位美國學者哈佛大學教授亨廷頓在更具影響力的《外交事務》上發表了題為「文明的衝突」一文。和福山文章觀點相反，亨廷頓認為冷戰的結束並不意味着西方民主政治的勝利，而是文明衝突的開始。

亨廷頓所說的文明的衝突實際上就是民主與非民主政體之間的衝突。他因此預測伊斯蘭文明和儒教文明會結合在一起和基督教文明發生衝突。原因很簡單，因為在亨廷頓的眼中，前者代表民主，而後者代表非民主。

然而，歷史的發展既沒有證實福山的樂觀論，也沒有證實亨廷頓的悲觀論。儘管西方所說的第三波民主浪潮在福山著作出版之後達到了高潮，但民主顯然沒有成為人類歷史的最後一種形式。

不僅第三波民主化浪潮中產生的民主有回潮的跡象，更重要的是很多原來是民主的國家面臨各種困難，社會出現亂象。也同樣不可忽視的是，西方民主模式正在受到新型政治模式的挑戰。

沒有任何證據表明歷史只向西方民主開放。另一方面，西方和伊斯蘭國家的衝突的確發生了，並且在「9·11事件」以後變本加厲，但中國並沒有和伊斯蘭文明結合在一起挑戰西方，自己本身也避免了和西方的衝突。

實際上，正是在西方的「歷史的終結」和「文明的衝突」的聲浪中，中國的文明有了巨大的轉型，而中國人也逐漸恢復了對自己文明的自信。自從清朝衰落以來，中國人對自己的文明越來越沒有自信，造成文明自卑。從 20 世紀初的「五四運動」到 1989 年的電視劇《河殤》，都典

型地表現出這種不自信。

哈佛大學教授杜維明就曾經認為，原來處於儒家邊緣地帶的地區如韓國、中國的台灣和香港地區等等已經變成了中心地帶，而原來的儒家中心地帶中國大陸則成了邊緣地帶。

幫助中國尋回文明自信的是中國的改革開放政策。在漫長的歷史上，中國文明的每一次復興都和開放政策緊密相關。就是說，新類型的文明是與外來文明衝突和融合中發展出來的。

同樣，這次文明的復興是鄧小平 20 世紀 70 年代末實行全面開放政策的結果。在全面開放政策環境下，中國世俗文明再次顯現出其優點來。世俗文明包容一切，各種不同的文明因素紛紛走到中國傳統文化中來，並且正在得到有機地整合。

儘管外來文明的進入不可避免地衝擊着傳統本土文明，在很多方面，中國傳統正在急劇地消逝，但在其他很多方面，也正發展着新的文明因素。

文明自信需配合政治自信

一次真正的文明復興或者新文明的產生必須配合政治上的自信。

政治上的自信至關重要。在中國歷史上，如果文明的復興和開放有關，那麼文明的衰落也總是和政治上的不自信結合在一起的。

因為政治上的不自信，一些朝代的統治者（例如明朝和清朝）就開始實行封閉政策。儘管這樣那樣的封閉政策有利於統治者的統治利益，但犧牲的則是文明的可持續發展。當然，當文明發展不可持續的時候，最終還是要犧牲掉統治者的自身利益的。

在經驗層面，近代以來很多中國人與其說是對文明的不自信，還不如說是對政治的不自信。很多人是由政治上的不自信最終轉變成為對文明的不自信的。正因為這樣，中國知識羣體對政治的批評總是通過對文明的批評表現出來的。這一點從五四運動到改革開放後的《河殤》並沒有實質性的改變。

從這個角度看，當人們看到 2008 年北京奧運會所體現出來的文明自信的同時，也體會到在一些方面表現出來的政治上的不自信。在奧運會期間，西方媒體所批評的一

些事情及這些事情的處理方式並不是不可避免的。如果是政治上具有足夠的自信，那麼這樣的事情可以減少。

當然，政治上的不自信不僅表現在奧運會期間的一些事情上，更表現在日常政治生活裏的各個方面。

如果政治上的自信不能達成，文明的復興和新文明的形成就會困難重重。如果因為政治上的不自信而實行這樣那樣的控制政策，那麼文明不但不能復興，而且還會衰落。很顯然，確立政治上的自信乃是中國今後相當長歷史時期的要務。

如何確立政治自信？簡單地說，政治自信要通過政治改革而達成。無論是經濟、社會還是文化，今天中國各個領域的發展都和開放分不開。原因很簡單，只有開放，才會有碰撞，才會有競爭，才會產生發展和轉型的動力。

同樣，政治改革要成功也離不開開放，向新的思想的開放，向新的利益羣體的開放，向新的體制的開放。只有在一種開放的政治體制下，中國才能確立政治上的自信。

同時，政治自信的確立必然大力並且有效促進文明的復興，或者新文明的產生。當那個時候，中國就不只是把自己輝煌的傳統拿給人家看，而是貢獻給人類一個面向未來的新型文明。也只有到那個時候，人們才可以說中華文明真正復興了。

二、包容使中國更強大

近年來，中國國家主席習近平多次強調要推進亞洲文明對話。這不僅是中國內部發展所需，更關乎中國在區域內所起的越來越重要的作用。儘管亞洲國家之間的經貿關係日益密切，國家之間的互相依賴不亞於甚至超過其他很多區域，但亞洲國家之間的關係經常被很多歷史和現實問題所困擾。中國因此倡議建立「亞洲命運共同體」。問題是如何建設？這離不開亞洲文明對話。更為重要的是，在全球化時代，包括中國在內的亞洲文明，同時也是世界文明的一部分，文明對話因此不僅是中國文明和亞洲其他文明的對話，更是中國文明和世界上的其他文明的對話。

文明對話對中國來說尤其重要。中國文明就其本質來說就是一個對話文明。這個對話文明表現出的特點是開放、包容和進步。很多基於宗教之上的文明一方面具有封閉性和排他性等特點，另一方面又具有使命感和擴張性，即把自己的價值觀擴張甚至強加給其他文明，「轉化」其他文明。和宗教文明不同，中國文明是世俗文明，秉持開放包容的態度來對待其他文明，通過和其他文明的對話，學習其他文明來實現自己的進步。因此，人們也可以稱之

為「學習文明」。對話文明的主體是自己，是把其他文明的長處吸納進來，而不是簡單地照抄照搬其他文明，更不是把自己「轉化」成其他文明。

如同所有其他文明那樣，中國文明也有興衰；但和所有其他文明不同，中國文明是世界上唯一一個數千年沒有中斷和消失的文明。沒有中斷並不是說中國文明沒有斷裂過，而是說斷裂之後，又重新連接上了。斷裂之後能夠重新連接上，這是中國文明的特點，是其生生不息的根源。問題是，為甚麼中國文明中斷之後還會再次復興？中國文明的這個特徵最吸引學術界的注意，也是學術界一直試圖要回答的問題。不同的學者給出了不同的答案，但主要是因為中國文明是一種「對話」文明。

中國文明發展的四個階段

中國文明從古代到近代可以分為四個階段。第一階段是形成階段，從約公元前 11 世紀至公元 2 世紀。在這個古典階段，中國發展出了其基本觀念和制度，後來成為其他東亞國家和地區古典遺產的一部分。第二階段是佛教時期（公元 3 世紀至公元 10 世紀），其間在東亞佔統治地位的文化力量是大乘佛教，而各種本土的傳統則存活在社會

層面。第三階段為新儒學時期，從公元 11 世紀至公元 19
世紀，其中新儒學在新的社會與文化中佔有領導地位，而
佛教則在當時的羣體基層中力求生存。第四階段為近代以
來，在這一時期，擴張中的西方文明衝擊着東亞國家，至
今這種衝擊還沒有中止。

從「對話」的角度來理解中國文明的連續性很有意思。
在第一個階段，對話主要是在儒家、墨家、道家和法家之
間進行。應當強調的是，這些都是中國本土所產生的思
想。在第二個階段，對話主要發生在佛教、儒家和其他東
亞國家的本土傳統之間。在這個階段，佛教成為主體，但
本土思想並沒有消失。佛教和本土的各種思想處於互相調
適時期。在第三個階段，對話主要發生在新儒家和佛家之
間。在這個階段，本土文明尤其是儒學再次成為主體，這
是新儒學的功勞。新儒學成功地把佛教中國化，使之成為
中國文明的一部分。在第四個階段，對話主要是在新儒家
與西方文明之間。近代以來，隨着西方文明衝擊東方，東
亞國家對西方文明做出了不同的反應。

在中國，從新文化運動和「五四運動」以來，在中國
內部對話的與其說是傳統文化和西方文明之間，倒不如說
是在不同西方思想之間進行。正如在第二個階段，佛教成
為主導話語，近代以來，西方文明一直主導中國。所不同

的是，佛教時代仍然存在佛教和本土文明的對話，但近代以來的中國，主要是中國人所接受的不同西方思想之間的對話。在很多方面，使用「對話」這個詞也並不確切，因為中國所面對的只是簡單的選擇，在西方所提供的各種思想或者主義中間進行選擇，或者説不同的西方思想在競爭中國人的選擇。這種情況直到中國開始進行改革開放之後，才發生些許改變。

中國本土文明和外來文明之間的互動必然經過一個複雜的過程。在外來文明來到中國的早期，人們對此的態度更多的是反應性的。每一次外來文明來到中國，總是中國王朝處於低潮甚至社會政治秩序處於混亂時期。佛教來到中國是這樣，近代西方文明來到中國時也是這樣。正因為這樣，中國幾乎沒有任何力量來抵制外國文明的到來。在外來文明到達中國之後，起初人們總是抱着懷疑、不信任的態度，經常發生衝突，甚至是極具暴力的衝突。但在經過一段時間之後，中國文明就逐漸變得自信起來，自信到一定程度，就主動去吸收消化。在這後一個階段，中國文明改革被動的局面，再次變為主體。這典型表現在佛教和中國本土文明的融合過程裏。佛教傳進中國，早期也發生了諸多衝突，滅佛的事情也有發生，但最終通過互相調適，合為一體。到了宋朝，新儒學崛起，再次確立了中

國文明的主體地位，並且有機地把佛教融合到中國文明中來，形成了儒、道、釋三教合一的局面。

在近代西方文明進入中國之後，中國文明到底是如何反應的，是被動地反應，還是主動地反應，這是學術界一直在爭論的問題。不過，以中國直到今天所流行的話語來看，中國的反應不僅是被動的，而且並沒有看到西方文明和本土文明之間的對話，也就是說，本土文明仍然被排擠在西方文明之外。

這種情況正是今天很多人所擔心的。西方文明的進入已經在很大程度上斷裂了中國傳統的文明。如果不能再次連接上，中國文明就很難真正復興。改革開放之後，尤其是 20 世紀 90 年代之後，儘管中國社會不再像「五四運動」之後那樣，激進地對待中國本土文明，並且各種傳統的思想也開始復活，且不說傳統文明能否通過類似所謂「國學」的方法真正得到復活，在中國的文明對話，基本上仍然是在各種進口的西方思想之間展開的，中國本土文明還是處於「另類」狀態，被視為和西方文明格格不入。

人們希望在中國文明和西方文明之間進行對話，而不是看到是不同西方文明繼續在中國大地上的對話。對中國來說，這不是公平的對話，而只是簡單的選擇，甚至是一種被動的選擇。清朝解體之後，經過數十年的革命，中國

終於再次統一，在 1949 年建立了獨立的政權。在經過數十年的改革開放之後，中國已經崛起。但從文明的角度來看，中國還未真正崛起，中國文明還未真正復興。正因為如此，直到今天人們仍然強調文明的復興。

不過，即使在整個東亞社會發展的情況來看，這種復興並非易事。除中國之外，在其他東亞社會，傳統文明並非因為西方文明的到來而中斷。人們可以假定，這些社會發生了西方文明和東方文明的對話。但即使如此，傳統文化也並沒有成為主流話語，主流話語仍是西方話語，無論在政治上還是經濟上。傳統文化以各種方式生存下來了，但只是作為生活方式而得以生存。學者們所說的新儒家和西方文明的對話，可能只發生在學者中間，而沒有發生在政治領域。即使是在學者中間，大多數也只是用西方的方法來解讀和闡述傳統文化。正因為這樣，在 20 世紀 80 年代，李澤厚先生就在中國提倡「西學為體、中學為用」。李澤厚用這八個字概括了傳統文明在其他東亞社會的狀況，也認同這種狀況。在 80 年代之後，東亞社會無一不是深受西方影響，政治、經濟和社會各種制度都主動或者被動地西方化。或者說，這些社會都變革成為「類西方」社會。不過，這些社會都面臨巨大的挑戰，主要表現在西方制度和本土文化之間的顯性的和隱形的衝突。

在 20 世紀 70 年代初，中國的「文化大革命」仍然在繼續。當時，史學家錢穆先生就強調：「中國千萬不應該想要用那種從根拔起並摧毀過去遺產的文化革命的方式來得到解放；它只能透過中國文化本身，不管它的好壞都要面對它，認為中國人的未來實植根中國文化這種方式才能獲得。雖然有些中國人可能寄寓異國，並且吸收不同文化；但是絕大多數中國人畢竟是生活在由共同的歷史所形成的條件與外觀之下。對他們來說，移民異域當然是不可能的。」

錢穆先生指的是「文化大革命」的激進主義。不過，這一告誡也適用於東亞一些社會的激進（西方式）民主化方面。對中國來說，在中華文明復興的道路上，必然要步其他東亞社會的後塵嗎？如果中國拒絕類似於其他東亞社會的「西方化」民主，中國本身又能產生怎樣的政治制度呢？歷史經驗表明，中國文明的復興並非簡單地回歸傳統，而是要在和其他文明的對話中再次復興。今天的中國文明和西方文明之間應該進行怎樣的對話呢？如果不想進行李澤厚先生所說的「西學為體、中學為用」的對話，又如何追求「中學為體、西學為用」的對話呢？儘管回答這些問題需要時間，但從中國對話文明的本質來看，中國文明的復興來自於在以自己為主體的基礎上來包容其他文

明，而不是簡單地拒絕其他文明。

當今中國仍需要中學為主、西學為次

　　中國文明第一個階段是中國內部各種思想之間的對話，韓非子是一個頂點。第二個階段是在佛教文明和中國文明之間的對話，但佛教文明是主體地位，中國文明處次要地位。到朱熹的第三個階段，中國文明再次成為主體。

　　從這個角度看，我覺得我們現在這個時代類似宋朝這個時代。我們需要有新的文明整合，不是想着如何排斥西方文明，而應當思考怎麼樣把西方文明整合到我們文明裏來。這個是老問題，20 世紀 80 年代李澤厚先生曾經提出「西學為體、中學為用」的觀點。這也是近代以來一直所爭論的。李澤厚先生那個時代，他看到的是日本和亞洲「四小龍」的崛起。他認為這些制度是西方的制度，西方是主體，中學為用。但我自己覺得，從亞洲「四小龍」的經驗來看，文明的對話必須像朱熹那個時代一樣，中學為主，佛學為次，就是說今天仍然要以中學為主、西學為次，還是要有文明自信心。我覺得，如果意識到佛教在中國的演變過程，基本上也能理解西方文明進來以後的歷程。我們已經到了新的時代，這是今天的大背景。

講到中西之間的關係，首先要梳理亞洲價值觀。「亞洲」這個概念不是我們亞洲自己發明的，是西方給我們的。我們一直在批判文明中國論。但我覺得，西方也是一個西方為中心的文明。中方有中方的天下，西方有西方的天下，任何一個文明都有自己的中心，沒甚麼大的忌諱。

　　我發現古希臘亞里士多德的時候已經開始談論東方了。有意思的是，因為希臘文明東邊就是波斯文明，他們就把波斯稱為東方，波斯以東的都叫東方。他們以這個來區分世界。東方分為近東、中東，我們這裏是遠東。我覺得這是西方人犯的錯，他們把整個東方等同成同樣一個文明，把中國稱為東方主義就是在這樣一個錯誤基礎之上的。他們根本不知道中國以儒家為核心的文明與波斯文明是不一樣的，沒有區分來看。我認為西方從亞里士多德開始到現在的中國定位沒有任何大的變化。

　　真正把中國的東方專制主義理論化和概念化的是三個德國人。第一個是卡爾·馬克思，就是馬克思主義的創始人，第二個是馬克斯·韋伯，第三個是卡爾·維特佛克，是 20 世紀 50 年代耶魯大學的教授。

　　這三個人非常有名氣，西方所有對中國的看法從這三個人身上來看是最系統化的。從文藝復興開始到啟蒙運動，西方學者有談中國，但是還沒有系統化。直到馬克思

第一個談亞洲，從物質層面來分析東方專制主義。他認為亞細亞生產方式是個專制的生產方式，這是第一次對東方主義的概念化，當然還包括了印度。第二個是馬克斯‧韋伯，從宗教和文化的角度來分析中國的專制主義。第三個人是對以上兩者的綜合，他把中國稱為水利社會。這三個人是現在西方看中國的理論基礎。我們今天用的 totalitarianism，或者 totalism 也好，20 世紀 80 年代被翻譯成全能主義，都離不開這三個德國人。

塑造中國價值需要找回三個傳統

我覺得，他們非常致命的錯誤就是延續了從西方古希臘開始的東方專制主義。我今天講怎麼塑造軟力量，但這三個人影響了西方人對中國人的看法。我們要塑造中國的軟力量，就必須在講中國故事的同時，也要講印度的故事、西方的故事，光講中國的故事就永遠達不到目的。亞里士多德講他的政治學，是把古希臘各種政治制度比較得非常透，把它概念化、理論化，成為了經典著作。這三位德國人也是這樣的。

東方專制主義一直延續了西方對中國的看法，直到20 世紀 80 年代李光耀先生提出亞洲價值觀。當時李光耀

先生把世界上很多學者都找來了，研究亞洲價值觀。亞洲價值觀遭到西方的圍攻。不僅如此，1997 － 1998 年亞洲金融危機以後，亞洲價值觀也開始遭到亞洲一些開始民主化的國家的批評。

我自己覺得亞洲價值是存在的，只是新加坡的力量太小。現在中國崛起了，提出了中國向何處去的問題。我覺得，你喜歡也好，不喜歡也好，中國改變不了西方。中國現在講自己的中國模式，這並不容易。很多年以前，美國的一些政治人物實際上已經說得很清楚了，中國對西方的真正威脅不在於中國的軍事力量有多強大，也不在於中國的經濟力量有多強大，中國如果對西方能夠有威脅的話，就是中國這套體制所代表的價值。我剛才說提到西方怎麼回應亞洲價值觀。無論是北京共識和華盛頓共識之間的爭論，還是近年來對中國模式的爭論都很有意思。

事實上，我們可以把中國模式、中國發展經驗放在亞洲價值這樣一個背景裏來談。我相信中國模式是亞洲東亞模式的一部分。

東亞主要是儒家文化圈，朝鮮半島、日本、越南、東南亞的一些國家或地區，都是儒家文化圈的一部分，它們的成功確實跟西方走了一條不同的道路。它們不是拒絕西方，而是像中國文明一樣，包容了西方。他們在把西方的東西變

成自己的東西，同時不是把自己變成西方。一旦變成西方就會犯錯誤，日本犯了錯誤，韓國沒有照搬西方，只是政治選舉上採用西方的方法，很多機制都是符合自己特點的體制。我自己對新加坡比較了解，覺得完全是以中學為體、西學為用的一個做法，西方的東西都是作為工具來用，價值還是自己的。

從政治上說也不複雜，把中國的 selection 和西方的 election 結合起來就行了。經濟上也是這樣，中國的國有企業存在了幾千年了，但要和民營企業之間的關係處理好，要把社會保護好。實際上，中國的很多理念都具有普世性，所以我們要承認這些東西是普世性的。任何一個文明都是共用價值和核心價值兩者的統一。

任何一個文明都有它自己的核心價值，西方文明、中國文明、波斯文明，正是因為他們都是人類社會，他們之間也具有共享價值。現在我們提倡的一些價值觀，老百姓很難理會，因為一些是在現實中找不到的東西。我們要把社會上已經有的東西找出來，這樣老百姓才能信你。大家還是找現在已經有的東西把它們作為核心價值，不要找沒有的東西；沒有的東西，沒人相信，只能製造一些困惑。

塑造中國價值有三個傳統，有幾千年的大傳統、近代以來的中傳統、改革以來的小傳統，加上全球化。我覺

得知識分子應該有知識的擔當，任何一個文明的核心就是它的知識體系。西方的媒體很強大，但媒體只是一個技術和形式的東西。西方媒體強大是因為它背後有一套知識體系，媒體只是把這個體系傳播出來。西方媒體的強不是傳播技術的強，是它後面知識體系的強。我們現在弱是我們沒有自己的一套知識體系。從經驗上說，我們是有的，但是現在沒有人做。

我們要有擔當，把這件大事情做起來，這樣中國才能實現真正意義上的崛起。

三、中國文化體系重建

我曾在台北參加了一次有關中國模式的國際會議。會議上，一個來自美國南加州大學的教授提出了這樣一個問題：既然大家都在談論中國的崛起，但中國崛起的標誌是甚麼？中國能否為這個世界提供另一個文化選擇？

這個問題提得很簡單，但是的確可以供我們思考一陣

子。這裏可以涉及至少三個相關的問題，第一，中國需要文化崛起嗎？第二，中國需要一個不同於西方的文化嗎？第三，中國能夠創造一個不同於西方文化的文化嗎？

中國能否為世界提供一種新的文化選擇

　　第一個問題比較簡單。儘管大多數人在談論中國崛起的時候強調的是經濟崛起，但和這位教授一樣，很多人也開始涉及文化方面。中國執政黨在 2011 年 10 月召開的十七屆六中全會的主題就是文化建設。越來越多的人意識到，沒有文化的崛起，單一的經濟崛起並不能說是真正的崛起。經濟崛起大多是以 GDP 來計算的。一個國家的 GDP 很重要，但 GDP 只是其中一個主要指標，並不能涵蓋其他方面。舉例來說，根據經濟學家安格斯‧麥迪森（Angus Maddison）的估算，在 19 世紀 20 年代，中國的 GDP 佔到了世界 GDP 的三分之一還多。從現在的角度來說，這不能不說是大國的象徵。但很可惜的是，20 年之後，中國就被英國所打敗，也就是著名的第一次鴉片戰爭。當時包括英國、法國、德國和意大利在內的西歐 8 國的 GDP 只佔世界 GDP 總體的 12%，而日本是 3%，美國是 1.8%。

中國是一個具有數千年傳統的文明古國。為甚麼當時在一個新興國家面前不堪一擊？表面上看，英國的勝利在於其擁有當時世界上最龐大的海軍和洋槍洋炮。但如果光從軍事武器來看問題，就會過於膚淺。再深入一步，人們可以看到當時中國和英國的不同國家形式。在西方來到中國之前的很長歷史時間裏，中國擁有世界上很先進的政治體制，儘管皇權體制和世界上的其他帝國差不了多少，但中國的文官制度或者說官僚制度是最為先進的。但是這個體制一旦遇到產生於近代西方的國家體制，就變得不堪一擊。傳統中國皇權儘管理論上非常集權，但實際上往往是無比分權，「無為而治」，或者「統而不治」。中國自己經常用「天高皇帝遠」來形容這個體制，也就是說，這個體制沒有很多制度建設，沒有動員能力。皇權所擁有的動員能力主要是維持皇朝尤其是為皇室服務的。因此，儘管當時中國擁有那麼高比例的 GDP，但這些資源並不能有效組織起來，轉化成為政府能力，尤其是軍事能力。而英國呢？當時的英國所擁有的是一種全新的國家政權形式，即主權國家。這是一種高度集權的國家政權。之前，英國所有的是極其分散化的城堡政治。君主政治消滅了城堡政治，國家政治權力才能集中。儘管當時的英國的 GDP 並不算高，但國家能夠有效動員資源和使用資源。英國是一

個海洋國家，當時的英國具有世界上最強大的海軍。

那麼問題在於，近代國家形式先崛起於西歐嗎？這裏就涉及文化的崛起。西歐近代國家的崛起是中世紀後期西歐理性文化崛起的產物。簡單地說，這是一種最初源自地中海地區，後來又逐漸容納了包括中國文化在內的世界先進文化的文化。文化的崛起自下而上，文化最後的政治結晶便是近代國家形式。當然這種文化還具有更廣泛和深刻的內容，涵蓋各個領域。因此，我們可以看到，西歐國家自 15 世紀之後，不斷產生着有利於中央集權制度建設的政治文化。尤其對英國來說，因為是海洋國家，英國便根據自己的經驗發展出了「自由貿易」理論。在很大程度上說，如果當時英國的船堅炮利是其硬力量的話，那麼「自由貿易」便是其軟力量。

無論從哪一方面來看，文化崛起的重要怎麼說都不會過分。從這一角度來說，我們今天強調文化崛起和文化創新是一個正確的方向。

對第一個問題，即文化崛起的重要性，人們不會有很多疑義。但是對接下來的兩個問題，就很不好回答。第二個問題就是，我們需要創造一個不同於西方的文化嗎？這個問題一旦提出，中國社會馬上就會分化。在很大程度上說，自「五四運動」以來，中國是要消滅自己的文化的。

當時的人們看到了西方的崛起是文化崛起所致，因此認為中國如果要強大起來，就要學西方的文化，消滅自己的文化。在亞洲，日本是一個例子。日本的明治維新是「去日本化」而「歐化」，即仿照歐洲國家（主要是英國和德國）來建設國家。當然，在中國的西歐文化或者西方文化因為中國共產主義運動的崛起而消失。中國共產黨所接受的是馬列主義，這種選擇當時是符合歷史現實的。西歐是資本主義發達國家，社會經濟政治各方面已經發展到很高的水平。人們可以嚮往這種文化，但很難搬用到落後的發展中國家。以蘇俄為代表的共產主義文化崛起於較為落後的國家，對中國比較適應。也應當指出，當時歐洲發生了第一次世界大戰，這對中國的知識和政治精英的影響很大。中國國民黨和中國共產黨都接受了蘇俄文化，尤其在政治上。

接受西方文化這種思維在改革開放之後也沒有消失。20世紀80年代之後，儘管人們不直接談論用西方文化來改造中國文化，但這個問題實際上是存在的。最近幾年，人們討論的最多的就是普世價值觀。一些人把西方的看成是普世的，相信中國只有接受了普世價值（或者西方價值），中國才會強大起來。很顯然，對這些人來說，提「中國是否需要創造一個不同於西方的文化？」這樣的問題本身就是錯誤的。

把文化再造或者崛起等同於文化的西方化，或者説把西方的看成是普世的，都過於簡單。上面説過，西方近代文化的崛起本身就吸收了很多非西方的文化。所有文化或者文明，因為都是人類社會創造和積累起來的，都存在有普世性的東西。的確，自近代以來，西方的文化話語一直佔據強勢，但這既不是説西方文明和其他文明沒有相關性，更不是西方文明是普世的論據。中國文化和文明中的很多因素也是普世的。

　　日本一般被視為是屬於西方國家的。但日本並非真正是西方國家，而是一個假裝西方的東方國家。日本接受了西方的工業化和民主化的制度形式，但無論是經濟制度還是政治制度，其運作規則還是保留着濃厚的日本傳統。可以説，日本是一個把西方形式和日本傳統內容結合得很好的國家。同樣，中國共產黨在中國的成功也並非直接照抄照搬了蘇俄模式，而是對蘇俄模式進行了中國式的改造，也就是當時所説的「馬克思主義中國化」。日本的政治制度是西歐自由主義日本化的結果，而中國共產黨政權是較為落後國家的馬克思主義中國化的結果。也就是説，不管是哪一種外來文化，如果要成功，都必須和本土文化結合起來。任何一種文化基本上是長期歷史演進的產物，其可以變化，但不可以被取代。

回到那位美國教授提出的問題，人們可以說，中國需要一個不同於西方文化的文化。如果中國單純接受西方文化，那麼中國就不能算是崛起。當今在中國盛行的各種「主義」都是西方的舶來品，儘管在中國因為加入了中國要素而變形，但很難對西方發生任何影響力。西方可能因為中國接受了他們的文化而高興，但這並不是說我們的文化具有吸引力。很多年前，我讀過美國記者詹姆斯·法洛斯（James Fallows）寫的一本書，書名叫 *More Like Us*（中文可以譯成《非常像我們》），就是說亞洲國家隨着發展越來越像西方國家了。這當然是西方的勝利，西方的崛起，而不是亞洲的崛起。亞洲通過學習西方而崛起，這是大多數西方學者的解釋，也為亞洲大多數人所認同。在這個背景下，亞洲當然不是除西方之外的另外一個選擇，亞洲只是西方的延伸。

顯然，第三個問題更難回答，那就是，我們基於中國文化之上，是否有能力創造一個和西方不同的但又可以成為除西方之外的另一個選擇的文化？產生一種不同的文化比較容易。這個世界上存在着不同的文化，一些文化比較強勢，而另一些文化比較弱勢。強勢文化具有話語權，為比較多的人所接受，而弱勢文化稍有話語權，甚至沒有話語權，不為人所接受。也就是說，要創造一種不同於其他

文化圈但同時又可以被其他文化圈的人所接受的文化，這是一件艱巨的任務。歷史上，宗教文化，包括基督教、伊斯蘭教和佛教文化是這樣的文化。中國傳統文化也是這樣一種文化，至少在東亞文化圈裏是這樣。

造就這樣一種文化很難，但不是不可能。這裏舉「東亞模式」的例子來說。1994 年世界銀行出版了一本題為 *The East Asian Miracle*（中文為《東亞奇跡》）的書，肯定了亞洲的發展模式，並指出東亞模式不同於西方模式。這個研究項目的出台是一個很艱難的過程。當時的西方主流經濟學並不承認有東亞模式，因為他們認為東亞模式沒有甚麼了不起，東亞是向西方學習的，是西方因素促成了東亞模式。當然，東亞經濟體，日本和亞洲「四小龍」都認為自己的發展和西方的不同。這些經濟體成功了，當然可以開始說話，開始建立自己的話語權。儘管有西方主流學者的反對，這個研究項目最後是在日本銀行的大力支持下成功推出了。今天儘管也仍然有人不認同東亞模式，但東亞模式已經為西方主流所接受。當然，東亞模式也是很多發展中國家所模仿和接受的經濟發展模式。實際上，在知識界，人們圍繞着東亞發展模式已經發展出一套相對完整的知識體系，這套體系由各種亞洲要素組成，包括儒家文化、國家和政府的經濟角色、社會因素例如高儲蓄率、強

調教育、家庭的作用等等。

和東亞的經濟話語相比，東亞國家和地區的政治話語就沒有那麼幸運了。在這方面，即使是亞洲的主流話語都是從西方進口而來。亞洲國家和地區沒有自己的政治話語權，很多政治體系即使在實際運作過程中和西方的非常不同，但也都偽裝成西方政治體系。日本是很典型的，韓國也差不多。實際上，即使是民主政體，亞洲國家的組織方式和西方很不相同，除了形式上的定期選舉之外。比如，日本被視為是西方式民主，但自民黨一黨獨大模式和西方民主大相徑庭。當然，也有一些西方學者看到了這種不同。可以說，亞洲的政黨、政府、社會等方面的組織有它們自身的規律，在形式上套上了西方政治形式並沒有改變其文化性質。

那麼，中國的情形又是怎樣呢？不能說中國沒有文化。中國有數千年古老文明，是文明古國。在歷史上，中國文明也曾經為西方文明作出了很大的貢獻。西方啟蒙時代哲學吸取了很多中國的理性主義。我們常常強調「四大發明」，這些是技術上的事情。但即使在思想和實踐領域，中國文化的影響力遠遠超出東亞地區，而達至西方。這裏舉兩個例子：

第一個例子是中國的文官制度。傳統上，中國發展出

了世界上最為龐大也最有效的文官體系。那麼大的中華帝國靠甚麼來統治？建立帝國的是武力，但統治帝國的是發達的文官體系。西方也經過帝國時代，但沒有發展出類似中國的文官體系。西方從近代國家的產生到後來民主政治的轉型和運作，沒有文官體系是不可想像的。隱含在中國的文官體系裏面的幾個原則對西方產生了很大的影響。

一是皇權和治權的分離。天下是皇帝打下來的，國家的所有權屬於皇帝，但是治理天下的權力，即治權或者相權（宰相）是向社會開放的。中國發展出了一套中央集權式的考試制度來錄用官員。這和西方歷史上的家族統治構成了鮮明的對照。西方引入了中國式的文官制度。在民主化發生之後，最終演變成為現在的政治和行政的分離。而政治和行政的分離是近代以來民主政治運作的制度前提條件。

二是文官的中立性。政治是要變的，但如何保證一個國家的政策連續性呢？如何保證治權不會因為政治的變化而中斷呢？中立的文官制度就是關鍵。在西方，政治人物受民主規則的制約，但文官制度的運作具有其自身的規律，不受民主政治的影響。這一點任何西方一本教科書都會有論述。

三是文官的輪流掌管不同部門的制度。中國歷史上，文官一般不能在一個地方長期掌權，皇帝會把他們進行調

動，也就是現在人們所說的「幹部交流制度」。有兩個目標，一是防止地方主義和地方勢力的形成，二是為了讓官員積累治理不同地區的經驗，便於他們升遷，治理整個國家的事務。這一點對近代西方國家政權制度也很重要，更不用說在亞洲了。

我要舉的第二個例子是中國傳統的「有教無類」思想。傳統中國也是等級制度，有「士、農、工、商」等，但中國沒有像其他文明那樣的等級制度，例如基於宗教、種姓、民族等之上的等級制度。對中國的儒家來說，人只有「接受過教育」和「沒有接受過教育」之分，而每一個人都是可以「被教育好的」。西方傳統教育制度是精英教育制度，能夠接受教育的是貴族和富裕家庭的子女。在近代之前，教育權力為社會的絕少數人所壟斷。中國的「有教無類」思想對西方後來的「大眾教育」影響很大。儘管在中國傳統社會，儒家往往壟斷知識，中國本身並沒有發展出大眾教育制度，但「有教無類」的思想則在西方演變成為「大眾教育」制度。近代以來，西方各國政治制度逐漸民主化，而大眾教育則構成了大眾民主有效運作的最重要的一環。

那麼，當代中國的情形又是怎樣呢？這裏我們可以從討論正在如火如荼進行的中國文化「走出去」運動開始。

隨着經濟崛起，中國感覺到文化軟實力的重要性。因為沒有文化「走出去」，中國其他方面的「走出去」已經遇到了很大的阻力，比如企業「走出去」往往被視為是對外在世界的威脅，軍事現代化被視為對世界安全的威脅，等等。所以，這些年中國正在努力把中國文化推向國外，包括孔子學院、各種名目繁多的「媒體走出去」項目。那麼，這些「走出去」項目的國際命運怎樣呢？在何種程度上成功了？

一個嚴酷的現實是，大家都知道了中國文化需要「走出去」，但卻不明瞭文化方面甚麼東西要走出去。正如商家做營銷，你要推銷產品，首先必須有產品。營銷只是包裝和策略問題。營銷得當就能夠改變人們對你所有的產品的認知，甚至確立對你的產品的認同感。但無論如何，首先必須有高品質的產品。如果產品品質低下，營銷做得怎麼好也會無濟於事。

孔子學院在做甚麼呢？在推銷中國語言。各種媒體「走出去」項目在做甚麼呢？中國是在做「進口轉外銷」的努力，就是說中國從西方進口了一些概念，經過中國包裝之後再出口西方。

一句話，中國沒有自己的文化知識產品，沒有自己的話語權。西方從中國的傳統中學到了很多，並且在很多

方面已經大大超越了中國。中國很難再依賴傳統來推銷自己了。不求進步，光想着從傳統中找些甚麼，是很不負責任的做法。更為重要的是，傳統已經解釋不了當代中國。儘管今天的中國有傳統傳承的一方面，但已經不再是傳統文化中國了。改革開放近四十年，中國已經發生了巨變。當然，這種巨變可以追溯到改革開放之前的三十年，甚至可以追溯到清末以來的歷史。這就需要我們生產一種新的知識體系，追求新的話語。沒有這些，一種新的文化無從談起。

問題的關鍵在於，我們是否能夠完成這一任務？這種新文化能否成為除西方之外的另一個選擇呢？也就是說，這種文化不僅為中國人所接受，而且也可以為處於其他文化圈的國家和地區的人民所接受。

現在的情況顯然不是這樣，至少離這個目標還遠得很。一種文化要成為「軟力量」至少需要三個條件。第一，這種文化，不管是產自本土還是結合了從外面「輸入」的因素，必須是能夠解釋自己。如果一種文化不能解釋自己，那麼如何讓「他者」了解自己呢？第二，這種文化必須能夠讓「他者」信服、信任。如果「他者」對這種文化不能信服，不能信任，那麼便是沒有軟力量。第三，也是更為重要的是，「他者」能夠自願接受這種文化。這是軟力

量的本質。具備了這三個條件，文化是不需要被推廣的。在唐朝，文化不用推銷推廣，但文化到達了東亞社會的各個角落。近代以來西方文化的傳播也是如此。我說過，西方的民主自由等價值是西方政治軟力量的核心，但如果西方政府通過各種手段要把這些價值強行推銷到其他國家，強迫其他國家接受，那麼便不再是軟力量，而是軟力量的反面。

中國現在還不具備這樣一種文化，因此各種「推銷」行為顯得很吃力。中國現在所有的是一種依附性的知識體系，要不依附於自己的歷史傳統，要不依附於西方文化。文化裏面包含有傳統因素，或者西方文化因素，或者是兩者的結合，這不僅沒有問題，而且也是優勢。但這種文化必須能夠滿足第一個條件，即能否解釋自己。中國缺少的是能夠解釋自己的「文化產品」。很多人在進行所謂的「文化創新」過程中，要麼簡單照抄照搬，要麼就是應用性，也就是西方技術，中國材料。在很多方面，中國往往是用人家的話語來說明自己，結果是很顯然的。中國那麼大的國家，很難像一些小國那樣，用西方的話語來打扮自己，更因為中國努力抵制西方式政治制度而不能像日本等國那樣假裝自己是西方國家。中國強力反對西方把其邏輯強加給自己，但甚麼是中國自己的邏輯呢？

很多年裏，無論政府還是民間，大家都在呼籲「文化創新」。但是效果怎樣呢？這些呼籲往往淪落為簡單的口號和運動。現在國家有錢了，大家都想多分一塊蛋糕。能否把得來的錢用在文化創新上呢？以往的經驗告訴人們，一旦得到了錢，往往是不了了之。即使所得到的錢能夠用到「文化創新」的領域，也不見得能夠保證文化創新。

實際上，從歷史上看，錢不是文化創新的前提條件。歐洲豐富的文化的確產生了巨大的經濟價值，但錢是結果，不是前提。很多文化創造都是在貧窮的狀態下進行的。實際上，一旦個人或者文化的創造者淪落為錢的奴隸的時候，就很少與文化創造相關了。要進行文化創造或者創新，就要尋找另外的途徑。

是甚麼阻礙了文化軟實力的崛起

現在很多人擔憂文化的衰落，但只知道形式，忽視了精神。可以設想，即使中國人今天改穿長衫馬褂，留小辮子，大家都來唱京劇，也不見得能夠復興中國文化。沒有創造性，傳統文化很難得到衍生。傳統文化要生生不息，關鍵在於新的創造。

那麼，中國數千年的文化底蘊到哪裏去了？改革開放

初期，中國盛行日劇，這些年又被韓流所衝擊。為甚麼？
這並不是説日劇和韓流包含着甚麼高深的藝術水平，而是
因為中國觀眾從中看到和感受到了儒家文化的影子，引出
了共鳴。這是一種現代和傳統的有機結合，或者説一種創
造性的結合。

人們對傳統文化衰落的擔憂，本身表明改革開放以來
復興傳統文化的努力並沒有成功。另一方面，這近 40 年，
中國的文化領域也向西方學，並且在學的同時不斷表現出
文化走出去的欲望。但結果呢？正面積極的東西沒有學
來，負面消極的東西拼命進來了。

很多人認為現在一些西方的價值觀、道德觀和文化
中不健康的東西嚴重腐蝕着許多國民。這或許有些道理，
但過於簡單，也不公正。為甚麼西方好的東西學不來，色
情、暴力等則蜂擁而至，學得有過之而無不及呢？

文化藝術領域沒少向外學，但學的只是形式，而非精
神。學西方是做給西方人看的。但問題是，西方人所喜歡
的，國人不見得喜歡。文化產品不反映民族文化，沒法引
出國人的共鳴。

中國的文化人現在也有很多人在國外獲獎，但為甚
麼在國內沒有很大的市場呢？文化藝術是世界性的，是時
代性的，但更是民族性的。沒有時代性的文化，就很難要

普羅大眾接受和吸收；沒有民族性的文化，就不會成為世界性。

民族性是世界性的基礎。曾有德國研究中國文學的學者批評中國文學是垃圾文學，原因在於中國的作家不是在寫中國的東西，也不是在寫民族的東西。這個批評應當是中肯的，光有國際市場的捧場，是不夠的。

這些年來，越來越多的人認識到文化崛起的重要性。光有經濟的發展，光有高樓大廈，沒有以文化為主要載體的軟力量的崛起，一個國家是不能真正崛起的。正因為有這種認識，所以要大張旗鼓地推進文化產業的發展，提倡和鼓勵文化走出去。但如果沒有內部的文化崛起，又如何能夠走得出去呢？

近年來，孔子學院在世界各地辦得轟轟烈烈，但只是局限於語言教育。況且不論政府主導的東西是否可以持續，如果只是一種語言的推廣，那麼軟力量也仍然是微弱不堪的，因為語言只是文化的一部分。普通話說得一流的國人本身都不能成為中國文化的載體，怎麼能要求學幾個漢字的外國人來弘揚中國文化？

文化復興和軟力量崛起的主體是社會，中外都是如此，修建一些大型建築是復興不了中國文化的。留給今天中國人文化遺產的、組成中國文化主體的所有偉大的哲學

家、藝術家和作家，都是由社會培養出來的。

數年前，溫家寶總理在看望科學家錢學森時，錢學森提出中國為甚麼出不了「大師」的問題。這可能不僅僅局限於科學研究領域，而也適用於包括文化在內的所有領域。

這些年，政府在文化領域的投入並不少，但顯然並沒有大的哲學家、大的藝術家和大的作家。沒有任何經驗表明，政府的大量投入能夠產生這樣那樣的「大家」。

在近代歐洲，規模並不大的社會經濟轉型產生了包括馬克思在內的一代又一代的大家。儘管當代中國的轉型無論是規模還是速度在世界歷史上罕見，但產生不了大家，這是應當加以深刻思考的問題。

這就要求人們深刻反思中國現存文化管理體制。文化官僚體制對中國文化的復興和軟力量的崛起是一個有效的制約。曾經聽一位領導幹部說，他們（文化官僚）已經發展出一套行之有效的文化管理的方法，說是只要把哲學家、藝術家和文學家管理好，文化領域就太平無事了。

這位領導幹部說得非常對。的確，從歷史上看，一切所能找到的「負面」形容詞都可以套用到這三種「家」身上，如非理性、狂熱、瘋人、蠱惑人心、頹廢，等等。但是，如果把這三「家」管理死了，就不會有文化復興了。正是在這些領域，存在着文化復興所需要的所有要素。如

果沒有了文化直覺和文化本能，那麼如何才能產生大家？

從經驗層面看，西方文化的進步同新類型的哲學家、新類型的藝術家和新類型的文學家是相關聯的。新的哲學、藝術和文學既是時代的寫照，也推動着時代的進步。

新文化的崛起是創造的結果，是一種對傳統的毀滅性的再創造。從古希臘到現代，西方文化再創造的歷史並沒有中斷過。在這個漫長的文化再生產過程中，西方的文化也融合了世界的文化，甚至是中國的文化，例如西方的理性主義和中國傳統的世俗文化有很大的關聯。

中國龐大的文化管理體制，並未切實地鼓勵創新，反而更着重於控制。無論在任何國家和地方，文化規制是需要的，例如一些會造成宗族、宗教衝突的東西，色情和暴力的東西，都有必要加以管理。

這也是很多西方國家所面臨的問題，因此才有一些新概念例如「政治上不正確」的出現。當然，之前，也存在着各種制約性，例如「宗教上不正確」。

提出中國文化管理體制的問題，並不是説不要任何規制文化活動的體制，而是要從隨意主觀的政治控制轉型成為法治基礎之上的規制。在政治控制狀態下，文化管理的目的就是尋找他們所定義和規定為「敏感的」和「不正確的」東西。一旦出現一些新的思潮和文化形式，容易作過

分政治化的解讀。一旦政治化，便把文化創造扼殺在本能和直覺的狀態。

在很大程度上，這使得文化界和管理部門之間存在着相當大的矛盾，這也就是文化界存在着的「一收就死、一放就亂，一亂就收」狀態的政治根源。

要建立文化規制，就需要在管理部門和文化領域建立邊界。文化領域應當有屬於自己本身的自治空間。文化領域進行自治，就可以鼓勵文化領域內的競爭和自我約束。專業精神才會在這個領域佔主導地位，只有有了專業精神，創新才會成為可能。

只有當文化活動超過了這個邊界，國家規制才可以介入。政府規制的唯一目標就是在文化創造和公共利益之間求得平衡，保障公共利益。從根本上而言，沒有文化管理體制的大變革，就不會有中國文化的復興和軟力量的崛起。

文化創新的三個「解放」

那麼，中國的文化創造和創新如何成為可能呢？這裏我要強調講三個「解放」，即從「思想和思維」的殖民地狀態中解放出來，從權力狀態中解放出來，從利益狀態中解放出來。下面來分別討論一下。

首先是解放思想，就是從思想和思維的「殖民地狀態」解放出來。中國自清末在軍事和政治上被西方類型的國家打敗之後就對自己的文化失去了信心。很多人把中國的落後的終極原因歸諸於文化。「五四運動」的核心主題可以說是「去中國化」。當然，發展了數千年的傳統文化並不是想去就能去掉的。20 世紀 30 年代蔣介石政權的「新生活運動」就是要復歸傳統文化。毛澤東也是意識到傳統文化的實際功能的。在革命戰爭年代，他提倡馬克思主義「中國化」。新中國成立之後，很多運動表面上看是反傳統的，但實際上是要復歸傳統。

不過，反傳統是中國革命的主線。自「五四運動」之後，學習西方變成了向西方追求真理。因為西方成為了真理，那麼包括中國本身在內的非西方就變成了不是真理了。向西方學習成為政治上的正確，否則就是不正確。當然，這裏的西方既包括自由主義，也包括馬克思主義等等一切來自西方的東西。

學習西方並沒有錯，但把西方視為是真理則大錯特錯了。中國並不拒絕其他文明和價值，但中國文化本身必須成為主體。在學習西方過程中，因為沒有中國的主體意識，中國文化就失去了自己的主體地位。問題在於，西方文化主導下的西方話語解釋不了中國的一切。今天，越來

越多的人已經意識到西方話語不能說明自己。（這一點，我在其他場合多次強調過。就是說，如果西方是蘋果，中國是橘子的話，那麼蘋果的話語是解釋不了橘子的。同樣，橘子可以學習蘋果，因為大家都是水果，但是必須明白，橘子學習蘋果的目標不是把自己變成蘋果，而是要把自己變成更好的橘子。）但是，很少有人去創造、去發明。不用說中國數千年的歷史傳統，中國改革開放以來有那麼多的經驗，中國為甚麼不能產生自己的話語呢？不能產生自己的概念和理論呢？大部分人一如既往地選擇用西方來解釋自己。這種情況不改變，中國永遠不會有自己的話語、自己的概念和自己的理論，當然更不用說是文化軟力量了。因此，我們尤其是知識分子必須花大力氣從長達一個多世紀的思維和思想被「殖民」的狀態中解放出來。西方繼續要學，但中國的主體地位也必須得到確立。

第二個解放是要從政治權力中解放出來。中國傳統數千年，主流文化是一種依附性文化，一種以王權為核心的文化。王權文化本身只是王權體制的結果，也並沒有甚麼好指責的，正如基督教和穆斯林文化是以宗教為核心一樣。但我這裏要強調的是中國文化的依附性質有效阻礙了文化的創新和擴張。

傳統上，我覺得中國的知識分子可以分為政治知識

分子和非政治知識分子，分別由儒家和道家為代表。儒家是入世的，道家是出世的。也就是說，儒家是關心社會政治的，而道家則根本不關心現實社會的，道家往往對現實世界失去信心，因此往往崇尚自然，扎根到深山老林。道家講清靜，本來應當有很多時間來思考問題的。但因為不關心現實社會和政治，道家對中國的知識體系的貢獻很有限。道家提倡人與自然的合一，不知道主客體之分，猶如莊子和蝴蝶的關係，不知道誰是主體，誰是客體。這種人與自然合一的哲學在一個層面來說具有相當的合理性，但很難演變成為一套科學思維和研究的體系。中國沒有出現近代自然科學，和道家的態度是有關聯的。

中國社會政治知識體系的主體是儒家。不過，儒家依附王權，為權力服務，往往變成權力的奴隸。這裏有自覺的「奴隸」和被「奴隸」兩種含義。有人說，「儒」這個字由「人」和「需」組成。從儒家的角度看，主要是為了解決「人」的「需要」問題，而這種「需要」是通過服務於王權而獲得。從王權的角度看，主要是為了解決服務於自己的「人」的問題，也是一種「需要」。歷史上，王權需要獲得兩種絕對的忠誠，一是知識的忠誠，即儒家；二是太監的忠誠。這兩種忠誠保證王權的絕對性，儒家管理的是國家事務，太監管理的是王權內部事務。對儒家的忠誠又可以

分為兩種，一種是講真話的忠誠；一種是講假話的忠誠，即愚忠。儘管歷史上不乏講真話的忠誠，但大多都是「愚忠」，自私的「愚忠」，為了自己的利益，不惜說假話。從知識的角度來看，中國傳統的王權的統治術遠比其他文明發達，這是儒家的功勞。西方人強調法治，中國人強調人治。有了法治和一套有效的國家制度，平常人也可以統治一個社會。但在中國，儒家是不提倡法治的。沒有一套有效的國家制度，必須有一個非常聰明的人來做皇帝，否則天下就很難治理。從政治學的角度來看，中國沒有發展出一套國家制度建設學說來，和儒家僅僅服務於王權是有很大關係的。

儒家沒有能夠發展出有關中國社會政治的知識體系還有一個很重要的原因，那就是儒家壟斷了知識。傳統中國被視為儒家社會，但是社會上到底有多少人可以稱為是儒家呢？比例非常之少。人人可以成為「儒」，也就是說「儒」這個階層是開放的，人人可以通過自己的努力，尤其是通過考試制度而成為「儒」，但開放性並沒有導致「儒」和整個社會的關聯。儒家壟斷了知識，並沒有努力把知識傳播到整個社會，用今天的學術語言來說，就是儒家沒有社會化的過程。服務於王權，這一本質決定了儒家對社會現實不那麼感興趣，自然也就沒有關於這個社會的知識。上面

説過，儒家的「有教無類」思想為西方所用，對西方的大眾教育制度的建立產生了很大的作用，但這一思想在中國本土卻沒有發揮如此的作用。

與傳統相比，中國社會現在已經大變樣了。但是，中國知識階層的權力依附性卻沒有太大變化。就對權力的關係來説，今天中國的知識分子可以分成三類，一類為權力服務的，一類是反權力的，這兩類是主體，第三類的是那些對政治和權力不關心的人，類似於傳統的道家。為權力服務的知識分子似乎不用加以詳細討論，大家都有認識，就是那些光會説好話，為體制辯護的人。第二類知識分子是反權力、反現存體制的人。實際上，這些人也是在追求權力，就是想用他們的知識去影響實際政治甚至得到實際政治權力。他們因此往往自覺地站在權力的對立面，也為了反對而反對。就是説，他們是要通過反對權力而得到權力。

無論是為權力服務還是反權力都很難產生有關中國的知識體系。知識分子的權力（力量）哪裏來？在中國，人們往往把那些經常討論實施政治、關心現實的知識分子視為公共知識分子。這個概念來自西方，但在中國已經變形了。知識分子首要的任務是解釋世界。在解釋世界的基礎上，知識分子才會擁有權力。如果你把世界解釋好了，知

道了社會實際上是如何運作的，問題在哪裏，如何解決問題和改進社會，那麼即使你沒有任何權力職位，你也會得到權力。一些政治人物可能會採用你的判斷、診斷等來改革社會。所以，馬克思說，哲學家有兩項任務，即認識世界和改造世界，而認識世界又是改造世界的前提。在沒有認識世界之前，你是不會有改造世界的權力的。中國的知識分子顯然不是這樣，總是沒有能力去解釋世界，但有巨大的野心去改造世界。結果是可想而知的，那就是導致權力和知識之間的惡性互動。知識想挑戰權力，權力想遏制知識。知識和權力兩者之間沒有任何邊界，兩者都想互相滲透，結果兩邊都不專業。權力不專業，沒有信心，總想控制一切。知識界不專業，解釋世界的事情不做，但要干預政治。可以想見，如果這個惡性互動模式不改變，中國文化或者知識體系的創造還是沒有希望。

第三個解放是要從利益中解放出來。在很大程度上說，在今天的中國社會，物質利益對文化創新所產生的負面影響遠遠大於權力所帶來的負面影響。我一直強調，我們這個文明已經經歷政治上的考驗，但還沒有經過商業文明的考驗。即使經歷過「焚書坑儒」和各種「文字獄」，中國的很多知識分子還是保持了其對自己堅持的知識的認同，體現出了抵抗權力和反抗權力的勇氣。但是，改革開

放以來的商業革命卻徹底衝垮了知識分子對知識的應有的信念，他們向物質利益投降了。為「五斗米折腰」是當代知識分子的常態。我記得溫家寶總理曾經感歎過，中國為甚麼沒有窮人經濟學家。其實，這非常容易理解。中國現在所擁有的是大量的利益知識分子，就是為各種利益說話的知識分子。為窮人說話沒有利益可圖，窮人當然不會有自己的知識分子。中國不存在一個民族、一個國家所應當有的「有機知識分子」，如果用意大利馬克思主義者葛蘭西的概念的話，有機知識分子能夠超越具體的利益，為民族、國家的整體利益說話。都想從組織那裏分得一塊利益，但就是沒有人為這個組織的長遠利益考慮。從知識供應的角度來說，中國目前所面臨的諸種問題例如收入分化、社會不正義和道德衰落等等，知識分子是要負起責任來的。知識分子沒有能夠超越自身的利益為改革政策提供有用、有效的知識。

知識分子不能超越自己的利益，這一特點更使得政治權力輕易吸納和消化知識分子。這一點，我們可以用現在的科研制度設計為例子來說明。隨着國家財力的增加，國家對大學、研究機構的投入也越來越多。但是，為甚麼中國沒有大師級學者？道理很簡單，因為沒有培養大師的制度設計，目前的制度設計不是用來推動知識發展的。在

中國的科研評審制度下，教授學者們整天要為發表論文發愁。目前的體制迫使人寫很多的文章，但阻礙人們盡心做研究。哪有教授每年都能發表優秀論文呢？即使在西方優秀的大學，如果一位教授一生中能夠發表幾篇高品質的文章，就很不錯了。舉政治學領域為例。哈佛大學教授亨廷頓是大家熟悉的。但是他寫過多少篇名著呢？沒有多少。中國的評審制度要求我們的教授每年都能寫出大文章來？這有可能嗎？結果是，一輩子也寫不出一篇想像中的文章來。做研究和寫文章完全是兩碼事情。好文章是建立在長期的研究基礎上的，把時間都來用在寫文章了，哪有時間來做研究呀！

中國大學和研究機構的工資制度的設計也在扼殺知識的創造和創新。在中國，教授、教師和研究者們的基本工資都非常低，沒有額外的收入。這使得他們把很多時間都花在申請研究經費，用各種變相的途徑把研究經費轉化成為自己的收入。這裏就產生了很多負面結果。第一，貧富分化，中國的教授中，窮的和社會上的窮人沒有甚麼差別，而富裕者猶如社會上的富豪。第二，不鼓勵科研和教育。對很多人來說，科研和教育只是副業，因為他們要把大量的時間花費在搞錢上。第三，變成錢的奴隸。教育和科研部門所掌握的錢越多，設計了非常多的科研項目，

要各個方面的人來申請。實施過程中存在着「你聽話了，我給你一塊；你不聽話，我就不給」。這種制度設計加強了行政控制，使得知識分子變成錢權的奴僕。在西方，教授、教師和研究者 90% 以上的收入都來自基本工資，工資可以給他們帶來體面的生活，這使他們有充分的時間來從事科研和教育。中國現在的情形如何？對很多人來說，可能不到一半的收入來自基本工資，其餘的來自其他資源。在基本工資不能維持一個體面生活的情況下，誰有時間來做嚴肅的研究呢？如果也像西方那樣，把工資制度調整一下，讓 90% 的收入來源於基本工資，那麼結果就會很不一樣。那麼，為甚麼不可以進行改革呢？

更令人擔憂的是，中國的教育體系從幼稚園到博士後都有被利益化了的問題。這個非常漫長的教育鏈條，被各種利益所分割。有很多寄生於教育的機構，為了追求自己的利益設計了無數的項目，通過正式的制度和非正式的社會壓力，施加於受教育者及其家庭之上。教育的目標是傳授知識和生產知識。但現在中國教育的各個環節卻唯錢是圖。改革開放近四十年了，教育的投入也越來越多，但中國產生多少有影響的學者，更不用說是大師了。現在連兩院院士都成為各種組織爭取利益的工具。中國的教育者應當看看西南聯大時期的情況，在那麼惡劣的情況下培養

出如此多的大師。可以說，錢越多，教育就越腐敗，中國教育體制已經陷入了一個惡性循環中去了，結果犧牲的是受教育者及其家庭。因為接受教育是文化發展和創新的前提，在這樣的情況下，根本就談不上生產和創新知識和文化體系了。

另一方面，尤其對文化創新來說，中國的文化機構又養了一大批不會創作的作家、藝術家、歌唱家等等。這些事業單位可以企業化嘛。中國的市場那麼大，這些群體通過市場機制可以過好的生活；同時，市場機制的壓力也可以刺激他們的創作精神。這個改革為甚麼不能進行呢？

更為嚴重的是政府部門更是對這種制度進行「尋租」來追求物質利益。例如教育部門，這些年來，教育部門設計了多少評審、評估等名目繁多的項目呢？很多項目表面上冠冕堂皇，但實際的目標就是明目張膽地向社會要錢、向學校要錢。

現在大家都在講文化創新，知識創新。但如果所有這些制度不能得到改革，那麼文化知識創新只會是幻想罷了。正如開頭所講到的，儘管越來越多的人看到了文化創新和文化「走出去」的重要性，有關方面也開始有具體的政策來追求這些目標，但沒有基於自身的文化創造和創新，拿甚麼「走出去」呢？能夠向世界銷售甚麼呢？

新的文化選擇

實際上，如果從國際的角度來看，中國文化的客觀形勢不容樂觀。簡單地說，兩種主要的宗教文化，即西方文化和穆斯林文化正在急劇擴張，而中國文化則越來越處於守勢。

西方文化，也就是從地中海產生和開始興起的文化仍然佔據世界文化的主導地位，並且越來越具有進攻性和侵略性。這個文化從地中海開始一路擴張，先佔據了大西洋兩岸，現在又擴展到太平洋和印度洋。西方文化基於宗教之上，具有使命性。這種宗教使命一直是推動其無限擴張的巨大動力。同時，也需要注意的是，這種文化儘管還具有宗教性質，但很多方面已經被世俗化，也就是不再具有原先的原教旨主義色彩。在亞洲尤其是東亞，這種變化更有利於其傳播。

另一宗教文化，即穆斯林文化，近年來因為西方反恐怖主義戰爭，似乎處於守勢，甚至消退。一些人把穆斯林文化簡單地和恐怖主義聯繫在一起，但事實上並非如此。穆斯林文化總體上並非鼓勵暴力。從事恐怖主義的只是很小一部分極端激進組織分子。實際上，這些年來，儘管有西方的反恐戰爭，穆斯林這些年在世界上的發展卻相

當迅速，並且是以和平的方式進行的。即使在基督教為主的歐洲社會，穆斯林也已經發展成為一種不可忽視的文化力量。在歐洲，穆斯林信仰者和基督教信仰者經常發生衝突，這從一個側面表明了穆斯林文化在歐洲的發展。在亞太地區，尤其是東南亞、南亞和太平洋島國地區，穆斯林文化的擴張同樣迅速。如果和基督教文化相比，穆斯林文化的發展有其自身的特色。如上所說，基督教文化傾向於世俗化，或者說世俗化成分在增加，推行基督教文化的主體是作為這一文化產物的世俗政府。我們可以看到，西方一直在世界範圍內努力推行其民主、自由為載體的政治文化和制度。穆斯林文化圈內，政府的力量相對軟弱，並且也沒有類似自由、民主那樣的吸引人們的政治體系。實際上，西方以民主、自由為核心的政治文化和體系也對穆斯林文化圈產生着巨大的影響。穆斯林文化擴張的主體就是社會本身。這是一種信仰和道德體系的擴張。從長遠看，會不會隨着基督教文化的世俗化，穆斯林文化會佔據越來越多的信仰空間？這需要我們的關注。

和這兩種主要的宗教文化相比，中國儘管有經濟崛起，但文化則處於守勢。這種守勢，即使在中國大陸也是很顯然的。原因很簡單，正如上面所討論的，中國人的思維本身就已經相當西方化了。我們現在所進行的文化推廣

活動，儘管聲勢浩大，但不會對中國文化的擴張具有任何實質性的意義。中國缺少一套可以和其他文化分享的共享價值（shared value）。很顯然，中國文明如果不能發展出一套自己的核心價值並在此基礎上發展出共享價值，那麼就會被前面兩種文化逐步消解和融化。不過，從歷史上看，中國的世俗文明成功地消解了其他的宗教文化，包括佛教文化和猶太教文化。我相信，中國可能也能夠再次發展出一種新的文化範式，一種能夠容納和整合其他宗教文化而又能保持自己的世俗文化性質的文化。要不被消解，要不再次重生，中國的選擇並不多。如果不想看到前一種情形，那麼就必須重生。這就是我們今天討論中國文化創新的全部意義。

第五章

儒學：能成為中國軟力量的核心嗎

儒學與現代國家建設

文： 從文明競爭的角度來看，其實，全球各個古典文明都曾
經遭遇了現代性的挑戰，這種古今之爭到今天也還沒
有終結。對於這種衝突，基督教國家的處理相對比較成
功。他們的政治實踐，成為某種具有規範意義的標準，
也成了我們衡量某種文明是不是「文明」、「進步」的指
標，那麼從經驗意義上來看，基督教國家的成功之處何
在？這些指標又是不是合理的呢？

鄭： 文明之間的競爭其實從一開始就有，尤其對以宗教為核
心的文明來說。其中基督教在競爭過程中獲得了優勢。
可以從三個層面來看：首先是個人層面，經過宗教改革
之後，個人獲得了可以直接面對上帝、和上帝對話的
權利。也就是說實現了上帝面前人人平等的權利。這是
西方個人主義產生和發展的前提條件。而個人主義在西

方各方面發展過程中都扮演了很重要的角色。在經濟方面，宗教改革也證明了商業行為的合理性。基督教強調人的「原罪」，但這種「原罪」不是不可以克服的。我們在韋伯那裏可以看到，人是可以通過自己的勞動來清洗「原罪」的。再者，如果商業行為被合理化，但並非所有的社會領域都是可以被商業化的。基督教因此也在一些方面保護社會。除了提供信仰外，宗教還努力保護家庭。教會對離婚的懲罰（無論是心靈上的還是物質上的）都很嚴厲。有些西方學者指出，沒有宗教改革，西方的工業化和商業化就不可能那麼順利。當然，早期是宗教保護社會，後來保護社會的很多功能被轉讓給了世俗政權。在政治上，基督教實現了政教分離，儘管過程相當困難。國王的事和教皇的事分開來很不容易，但這種分開的意義則是怎麼說也不過分的。

此外，更重要的是基督教到現在為止都在努力保持與現實世界的相關性。只有這樣，宗教才能具有指導意義。如果沒有相關性，就變成一種純宗教和信念，在引導人的行為方面容易變得激進。在很大程度上，基督教正在逐漸演變成為一種比較世俗化的宗教。在 19 世紀，尼采曾宣稱說「上帝死了」。但現實的情況是，即使原來的上帝死了，人們也會創造出另外一個符合當代需求的上帝。文明競爭不僅僅指的是一種文明和另一種文明的

競爭，而且也是文明本身的進步。

伊斯蘭教和其他一些宗教的情況有所不同。儘管不是說這些宗教沒有進步，但在向現代性調適方面，它們沒有基督教那樣的靈活。當基督教文明已經變得相當世俗化的時候，其他一些宗教文明的宗教性似乎不減。所以，有些學者認為，現在所謂的文明衝突在很大程度上是世俗化和作為純信念宗教之間的衝突。

文：那麼，對於儒學而言，其對於現代國家的建立有甚麼優劣之處呢？

鄭：儒家作為一種統治哲學必須和一個特定的政體相關。這也表現在中國的歷史上。歷代皇帝尊孔，但皇帝們對孔的理解可以有不同。同樣，在儒學國際化（區域化）過程中，不同社會接受儒學，但對儒學的理解可以有不同。比如日本、朝鮮半島和越南，儒學在這些東亞社會都普遍存在，但表現為不同形式。

就中國來說，作為一種統治哲學的儒學更有了其特定的功能，即作為社會道德的根源。儒學因此也往往具有一種國教性質。在其他宗教文明，存在着一個外在的和超然的東西，但在中國，沒有這個東西。對超然的東西的

認同使得人們有一個「心中」的客觀標準。比如說，西方的左、右派之間的爭論不會走得太遠，因為大家都有一個外在的標準作為參照。在這樣的情況下，理性爭論（reasoning）成為可能。而在中國，因為沒有這個外在的存在物，人們的參照物就是世俗的。歷朝歷代，如果有不同意見的爭論，各方都會把爭論拉向一個極端。那麼，最後誰來說了算呢？最後目標就是「中庸」，而「中庸」是世俗的皇帝說了算。所以，中國的統治者有額外的負擔，要提供道德資源。同時，這也使得中國的統治者擁有了額外的權威。

這個特點既是儒學的優勢，也是儒學的劣勢。說其是優勢，是因為儒學對統治者有額外的要求。中國文明對皇帝和政府官員有那麼高的要求和儒學是分不開的。這也就是人們所理解的儒學作為一種與西方的民主（democracy）相對的「賢人政治」（meritocracy）。說其是劣勢，是因為人們往往把規範（normative）層面的東西當成實證（positive）層面的東西，例如把「皇帝應當是賢者」當成了「皇帝是賢者」。因為皇帝和統治者具有了至高無上的道德含義，他們往往不受任何東西的約束，而行使專斷的權力。而儒學努力加之於統治者之上的「規範」顯得過於軟弱，而根本不能約束統治者的行為。

因此，要儒學再次成為統治哲學也需要創造性地轉型。對統治者的道德要求必須培養。我說過，這個世界上，沒有像中國那樣更需要孔子學院的國家了。但是，統治者的道德權威不能讓統治者本身來規定。對統治者的評估權力必須分散到社會，而這要求儒學的社會化。中國不可能創造一個有宗教色彩外在的制約機制。在民主化時代，這個外在的制約機制只能來自於社會力量。只有當社會對政府官員產生外在的制約時，執政者才會真正體現儒學的優勢特質。從長遠來看，這種外在的衡量標準和制約手段也有助於中國的法制建設和法治精神的產生和發展。

東亞的儒家特性

文：我們再來看看現實中的儒學，或者通常所說的儒教社會，也就是東亞的國家和地區的實踐。人們通常用亞洲式資本主義來形容這些國家，亨廷頓在他的書中將其歸納為：秩序、紀律、家庭責任感、勤奮工作、集體主義、節儉等。在我看來，很難說這些特徵為東亞所有的國家

和地區所分享，比如，秩序、紀律在當代中國很難說是重要的，我們甚至可以說，當下中國是全世界最靈活多變、最善於逃避紀律和規則的地方。集體主義似乎在中國香港和新加坡表現也不那麼突出。你怎麼看呢？

鄭：的確如此。但我願意強調儒學的普世性，而非特殊性；或者說普世性是首要的，而特殊性是第二位的。我覺得很多人強調的西方 vs 東方既不符合現實，也無助於現實政策。從前亞洲較歐洲落後的時候，人們就認為亞洲的價值觀對經濟發展有害。這就是韋伯《新教倫理與資本主義精神》一書的主題。比韋伯更早的時候，馬克思也提出了著名的「亞細亞生產方式」的概念，把以中國和印度為代表的亞洲價值視為是與經濟落後、政治專制聯繫起來的。德國學者魏特夫更在此基礎上把中國社會視為「水利社會」。

亞洲第一個實現現代化的是日本。日本崛起的時候，很多人把日本視為西方化的結果。日本的主流社會也是這樣認為的。但當後來亞洲「四小龍」崛起以後，人們就對亞洲價值有了相反的看法。因為日本和亞洲「四小龍」都屬於儒家文化圈，人們的目光就落在了儒學對亞洲經濟的貢獻。這方面已經有很多的文獻。同時，西方學者也重新解讀日本的發展，不再強調日本的西方化，而是

強調日本文化的特質。我的老朋友傅高義就是其中這樣
一位學者，他著有《日本第一》一書。

你提到的亨廷頓也屬於這類學者的一位。但實際上他所
強調的這些品質在西方也存在。比如說，亞洲價值中體
現的節儉更是西方新教倫理的核心。我上面也強調過，
基督教是非常重視家庭的價值的。節儉（鼓勵投資）、
家庭、勤奮等所謂的亞洲價值也是西方價值。我個人傾
向於認同法國社會學家涂爾幹的說法，認為集體主義、
個人主義、紀律等品質與一個國家的社會經濟和工業化
程度有關。很難說一個社會代表的是個人主義，而另一
個社會代表的是集體主義。工業化既需要集體主義（在
生產線上需要高度的合作），也需要個人主義（需要創
新）。西方比亞洲社會更早地實現了工業化和經濟發展。
個人主義和集體主義在西方得到更早的發展和整合。亞
洲社會在很長時間裏一直處於農業社會，並不存在產生
西方式個人主義和集體主義的客觀條件。當我們說日本
人比中國人更具有集體主義精神時，這並不是說日本人
天生就是集體主義的，而是其社會經濟結構要求日本人
具有集體主義精神，久而久之，就形成了一種文化。

所以，如果經驗地考察每一個社會人羣的各種特徵或者
價值的起源，人們就會發現西方 vs 東方實際上是被誇

大的。西方文化和儒家文化不僅沒有發生任何具有本質意義的衝突，相反，隨着亞洲社會現代化的進展，亞洲文化和西方文化越來越具有相同的表現特徵。文化對一個社會的經濟政治發展發生影響，但另一方面，文化也不是恆久不變的。任何文化如果不能適應經濟政治的變化，那就會被淘汰。文化因此也是經濟社會制度的產物。從世界歷史的角度看，現代化和經濟發展，加上當代全球化，正在創造越來越多的跨越國界的文化，但同時地方性文化仍然繼續發展，並且因為全球化而突顯出其本身的特色。很多地方性文化的繼續和強化並不是這些地方個人的特質所致，而是因為不同的經濟結構和社會結構所致。

文：不過，在我看來，另外一些特徵，或許在東亞的國家和地區中更具有普遍性。尤其是在華人社會，中國台灣、香港地區、新加坡，以及中國大陸。在社會層面，精英和大眾的天然分野非常鮮明，大眾是普遍的物質主義的、個人主義的，對於政治和公共事務通常並不關心，而精英則被普遍地要求某種奉獻精神，或者說他們用這種奉獻精神、獻身精神來塑造自己的合法性。當然，他們也掌握權力。在觀念層面，則是普遍的信仰現實的功利主義，沒有、似乎也不需要某種超越的宗教。在政治上，則多多少少地都信奉賢人政治，當然這是就普遍人

羣而言。台灣出現了競爭性的政黨政治，但是當地的人們似乎也更多地是從工具主義的角度來接受民主政治，也就是說人們是因為相信民主能夠選擇賢人而選擇了民主，而不是因為相信每個人的自由選擇是一種不可剝奪的權利而選擇民主。當然，這些特徵中，有多少是與儒學有密切關係的，還需要更深入地探討。

鄭：在一定程度上說，所有社會，凡是經歷了現代化和經濟發展，都會導向利益主導型社會，都會產生民眾的政治冷漠感。在西方也一樣。政治冷漠是經濟發展的結果。政治經濟學家赫希曼（Albert Hirschman）曾經探討歐洲社會是如何從情感（passion）社會轉型到利益（interest）社會的。宗教、理想主義和浪漫主義等都會導致情感社會，而商業精神和經濟發展則導向利益社會，人們的行為更具理性精神。

東亞社會尤其是華人社會是最為世俗的，既沒有宗教精神，也缺少歐洲式的浪漫主義和理想主義。從一定程度上說，儒學文化圈的民眾較之西方人更為理性。他們的政治冷漠是預期中的。除了少數政治人物或者知識分子，民眾一般不會把民主或者自由視為一種抽象的價值。他們更多的是把這些價值視為工具來追求自己的切身利益。就民主化來說，理性（或者冷漠）實際上也可

以成為政治優勢。就是說，很多人只有被動員的時候，才會參與政治。他們本身不會對民主政治有宗教般的熱情。這使得儒家文化圈的民主政治的發展相對平穩。例如，在世界各個社會，民主化過程往往是和極端的暴力政治聯繫在一起的，但這在儒家文化圈還沒有發生。

但另一方面，我們也不能誇大西方人的政治熱情。民主的價值或許和宗教關懷有關，但對大多數老百姓來說，民主和民生也是分不開的。在西方，民主往往被定位為政治精英之間的一種競爭。從理論上說，競爭就是政策的競爭，看哪一位候選人能夠提供給選民更多的利益。民眾的政治參與也是一樣的。早期西方民主實踐中，人民也都需要被動員才去投票。在民主化前的貴族社會，政治是貴族的事情，和普通老百姓毫不相關。商業革命和工業化導致了民主化。早期工人階級對民主政治表現出極大的熱情，這是因為工人可以通過民主來為自己追求物質和其他方面的利益。但是，在後工業化社會，大眾民主又表現為政治冷漠。在很長的歷史時間裏，西方各國的投票率一直很低。在 20 世紀六、七十年代，亨廷頓等人就發展出了政治冷漠的理論，認為政治冷漠是正常的；如果人們對政治過於熱情的話，政治系統就會癱瘓。所以，即使在西方，人們也在不斷地修改理論來解釋人民實際的政治行為。當理論和實踐不相吻合時，

需要修正的是理論，而不是實踐。

文：很多亞洲的政治家，如李光耀、馬哈蒂爾、馬凱碩都曾經大力鼓吹亞洲價值，但是這些價值的實質內容是甚麼，似乎還都很空洞，也經常在被這些政治家以一種機會主義的態度所利用。

鄭：在亞洲政治人物中間，對「亞洲價值」沒有甚麼特別的共識。你這裏提到的政治人物強調的是「亞洲價值」，而另一些政治人物（如韓國前總統金大中等）強調的是他們認為的具有普世價值的西方價值。在很多年前，亞洲的政治人物中間有過一場爭論。儘管現在沒有了爭論，但分歧還是存在。要回答你所提出來的問題，我覺得首先不要看亞洲的政治人物怎麼看亞洲的概念。我們需要考量兩個基本的問題，一是甚麼是亞洲價值，二是亞洲價值和西方價值的關係。

首先是亞洲價值的問題。甚麼是亞洲價值？如何定義？在亞洲，很難找到一種共同的價值。亞洲有宗教文明和宗教價值，例如印度和穆斯林文明。也有世俗文明，包括中國大陸、日本和亞洲「四小龍」在內。亞洲的文明和價值體現為多元性。應當認識到，當人們強調亞洲價值時，他們所指稱的可能不是同一件事情。但一般當人

們討論亞洲價值時，往往指的是儒家文化圈。早期日本的發展、亞洲「四小龍」和當代中國大陸的發展都是在儒學文化圈。但並不是說亞洲的發展僅僅局限於儒學文化圈。印度尼西亞和馬來西亞的發展，近年來印度的發展，都說明了不同文化價值都在推進現代化和經濟發展。

這就促使人們深入思考亞洲價值和西方價值之間的關係。工業化從西方開始，然後再到世界各個角落。這表明，不同的文化價值體系都是可以實現現代化的。當然，如前面所強調的，不同文明對社會經濟的發展的適應性是不同的。過分強調文化價值對現代化和經濟發展的關係，無論是正面的還是負面的，很難解釋現實。除了文化外，其他很多制度性的因素也很重要。當然，有些制度因素植根於文化之中，而另外一些制度因素更多地體現為技術性，就是說，各種文化價值都可以接受的技術。

亞洲政治人物中間有關亞洲價值的爭論很有意義。儘管他們不能指明亞洲價值到底是甚麼（這更應當是學者們的任務，而不應當讓政治人物來回答），但他們作為現代化和經濟發展的推動者或者實踐家的確意識到了亞洲價值的存在。當然，他們也看到了西方價值的缺陷，他們並不認為，亞洲只要跟隨西方實踐就能實現現代化和

經濟發展；相反，亞洲要現代化和推進經濟發展，必須在自己的文化基礎上來制定有效的政策。20 世紀亞洲金融危機之後，很少有人談論亞洲價值了。表面上，好像是金融危機打擊了亞洲價值，其實不然。人們發現，越來越多的價值領域，東西方有共同之處，儘管東西方價值體系的發展階段不同。這次產生於西方而波及全球的金融危機更說明了雙方都可以有向對方學習的地方。亞洲國家有植根於其文化之上的最優實踐（best practice），正如西方有基於其文化之上的最優實踐。

文：綜合我們以上的討論，我覺得亞洲，特別是東亞國家的政治實踐有其獨特之處，這些特徵是特殊性的，還是具有某種普世意義，我們現在還不很清楚。不過，可以肯定的是，這些國家的實踐目前沒有得到很好的理論總結和抽象。如果讓你來總結，你覺得東亞國家和地區的政治實踐的獨特之處何在？就此而言，在東亞國家和地區，特別是這些以華人為主體地區，有沒有可能出現某種「亞洲價值觀」的現實載體？

鄭：如果在不誇大亞洲民主和西方民主的差異的情況下，我會認同這種說法。前面已經說過，亞洲價值和亞洲經濟的關係，就是說，亞洲價值是有其經濟制度載體的。民主也一樣。實際上，在儒家文化圈內，亞洲價值早就有

了政治載體，那就是日本。日本民主是把西方民主形式
和其文化傳統（包括儒家價值）結合得最好的民主實踐。
也就是我上面所說的選舉加選拔。在很長歷史時間裏，
日本自民黨內部的競爭（也就是黨內民主）要遠比自民
黨和反對黨之間的競爭激烈。而自民黨內部的競爭並非
西方式的，而是日本傳統式的。現在日本民主黨執政，
但民主黨是從自民黨發展而來。王賡武先生說，民主黨
的執政表明亞洲社會第一次出現了「忠誠的反對派」。
「忠誠的反對派」是個西方概念和西方實踐。西方之外的
反對派大都是為了反對而反對，沒有忠誠的概念。為了
反對而反對的反對黨的存在往往會癱瘓民主政治。這在
亞洲屢見不鮮。在日本之外，其他社會的民主例如韓國
和中國台灣地區，刻意模仿西方的成分比較大。但即使
這樣，這些民主的內核也表現為儒家式，例如韓國對政
治人物的高度道德要求，你上面提到的中國台灣民主對
民主的工具性認同等等。

根據我自己的觀察，在日本之後，新加坡可能會成為第
二個把西方民主形式和自己傳統結合得比較好的政治形
式。中國從目前的發展情況看，也有這種可能。但不管
怎樣，應當強調的是民主沒有原版，民主基本上是一國
一模式。但民主的確有山寨版，如果一些精英人物要刻
意去模仿西方模式的話。

文：我們知道，東亞在世界經濟中的重要性已經引起了整個
世界的關注。但東亞地區的國家合作卻始終沒有甚麼
起色，這當中有很多原因，其中之一就是東亞國家之間
巨大的文化差異。那麼，在你看來，是否存在這樣一種
可能：即隨着東亞國家和地區在文化和政治上的自信確
立、認同的增強，東亞形成一個更強有力也更緊密的聯
合體，從而對整個世界格局產生影響？

鄭：你這裏所指的是東亞地區的經濟整合。從經濟整合的角
度來衡量，東亞地區實際上並不比世界上其他任何地
區差，包括一直被人們視為是模範的歐洲模式和北美模
式。東亞經濟的整合表明如同其他區域一樣，經濟的區
域化（和全球化）也發生在東亞。但同時，東亞的整合
也表現出和其他模式不同的特點。北美模式和歐洲模式
表現在正式的、外化為法制式的，而東亞模式則更多地
表現在非正式的、非制度化的。我想，你所說的「沒有
甚麼起色」指的是制度化方面的合作。

為甚麼東亞的整合有很不相同的表現方式？這裏既有歷
史、地緣政治的原因，也有文化的原因。北美模式是
由地緣政治和文化決定的，它呈現出等級的模式。美國
是超級霸權，而無論是加拿大還是墨西哥都高度依賴美
國，這兩國的經濟都從結構層面上被整合進美國經濟。

（實際上拉丁美洲也是這樣的，被學界稱之為「依附型發展」。）除了經濟因素，北美模式也有文化因素，因為這些國家都有類似的文化價值和政治制度。

和北美模式不同，歐洲模式表現為扁平型。歐盟的主要國家包括英、法、德等力量旗鼓相當，沒有一個國家能夠處於絕對的主導地位。而歷史的原因更促使這些國家追求通過經濟的整合來最終達成政治上的整合（如果不是行政上的話）。歐洲儘管共享同一種文化價值，政治制度也相差無幾，但對國家利益的過度自私追求導致了兩次世界大戰的發生。歐洲根深蒂固的制度和法律文化更是大大促進了歐洲共同體的憲政化。

亞洲區域整合的表達方式也受亞洲地緣政治、文化和政治制度差異的影響。概括來說，亞洲文化尤其是儒家文化不重視正式的制度表達，亞洲不存在歐洲的契約文化，但對非正式的「關係」極為強調。所以，從法律層面來說，東亞整合不如歐洲和北美。但同時也要看到，正是這種共同文化（儒家）的存在有效地克服了東亞社會政治制度的差異而達成了經濟上的整合。東亞目前所看到的經濟整合的動力在於中國的開放。在中國開放之前，無論是日本還是「四小龍」的經濟都是和西方經濟的整合。而在過去 30 年間，因為其開放政策，中國已

經成為東亞經濟整合的軸心。這種經濟整合首先從海外華人到中國投資開始，早期就有人提出「大中華經濟圈」的概念。但整合馬上超出了華人圈，涵蓋了日本和韓國。於是有人又提出了「儒家經濟圈」的概念。不過，「儒家經濟圈」的概念也並不確切，因為東亞（主要是中國、日本和韓國）經濟的開放型是全球定位的。很多年來，中國政府一直在提倡「開放型區域主義」的概念，就是說，東亞區域主義不是排他性的（exclusive），而是包容性的（inclusive）。我個人覺得，從深層次的文化來說，開放型區域主義正是儒家精神核心的反映。

儘管東亞制度化層面的整合要比北美和歐洲低，但如果中國一直能夠堅持開放型區域主義，東亞模式完全能夠超越其他模式。無論是北美模式還是歐洲模式，它們所強調的是內部的整合和區域內部資源的合理配置；對外而言，這兩個模式都可實行重商主義和貿易保護主義，就是說它們都是排他性的。而東亞開放模式從長遠來說，可以達成經濟資源在全球範圍內的有效配置。

阻礙東亞深化合作的文化因素不是「大」文化因素，而是「小」文化因素，或者說是東亞社會各個社會的政治制度差異。前面說過，東亞很多國家先前是被西方整合的，很多社會發展出了西方式或者類西方式的制度。政

治制度之間的差異，加上歷史恩怨，使得各國之間的信任程度比較低。地緣政治也是一個重要因素。日本和韓國一直是美國在東亞地緣政治的關鍵，美國（有意或者無意地）一直對東亞的制度化整合起着負面的作用。當然，對實際國家利益的定位和追求也使得這些國家不敢和中國靠得太近。

但這種情況隨着中國的快速崛起而得到改變。中國的經濟發展導致了東亞國家（和東南亞）經濟和中國經濟的整合。這已經變成了既定的事實。東亞國家已經開始從「經濟的思考」轉型到「文化的思考」或者從「經濟利益」轉向「文化利益」。日本很多年前就開始思考和美國的關係，而民主黨上台後要在政策層面調整對美國的關係。日本明治維新之後走全盤西化的道路，但現在隨着中國的崛起，日本必然面臨新的選擇。韓國的「中國文明情結」表現得更為特殊。冷戰期間，韓國的認同是向着西方的，這和日本差不多。其制度也是根據西方模式來設計的。但這些年，情況在發生變化。儘管統治階層內很多人還繼續偏向西方，但也有很多人「回歸」東亞傳統。最有意思的就是和中國競爭代表東亞傳統的正統性。

在今後相當長的歷史時期裏，東亞無疑是世界經濟的重

心。這會繼續促使東亞國家對自己傳統的回歸。強大的經濟實力和對東亞價值的認同正在促進東亞在國際社會的影響。很顯然，這種影響包含軟硬力量兩個方面。東亞本身的整合和其在世界格局的位置主要取決於中國。最重要的就是中國本身的文化自信和體制轉型，這兩方面不僅會影響東亞本身的有機整合，而且也影響到儒家文明和國際的整合。只有足夠的文化自信才能促成體制的轉型。文化自信了才能更加開放，才能有效借鑒和融合外在的有效的制度形式和文化價值。儒家在歷史上是通過包容外來文化和制度創造輝煌的，今天也不例外。

文明競爭與儒學的未來

文：隨着中國力量的強大，中國的價值訴求和利益主張也越來越被關注，而中國人在這方面的表達，還僅僅停留在反抗壓迫的情感宣洩階段，還很少，或者說幾乎沒有提出自己的主張。那麼，在你看來，甚麼樣的價值訴求是最符合中國的發展邏輯的，或者說，在這當中儒學是不是也有可能發揮某種作用？ 為此，我們需要解決哪些理論上的難題？

鄭：這個問題是關鍵。中國的利益需求已經隨着社會經濟的發展表露無遺了。但很多問題沒有回答：如何去追求利益？如何在追求利益過程中表現為中國的價值？如何把自己和西方區別開來？等等。你說得很對。在這些問題上，中國各方面還僅僅停留在情感表達的階段。當別人指責中國甚麼時，我們只能回答，我不是甚麼。我不是從前的「帝國主義」，也不是「殖民主義」等等。中國還沒有回答最為關鍵的問題：我是誰？這是自我認同問題。沒有自我認同，哪能要求他人對自己的認同呢？而沒有他人的認同，就不會產生任何軟力量。在推行軟力量之前，首先要回答軟力量是甚麼。

這表明，我們在軟力量領域的創新能力的低下。我們在國際社會沒有話語權。自從和西方接觸以來，中國人自覺或不自覺地放棄了自己的話語權。人們一直在努力學習西方，用西方的話語來解釋自己。但現在看來，西方的話語不僅解釋不了自己，更嚴重的是不知道自己是誰了。可以這麼說，中國的話語權建設至少要落後中國的社會經濟變遷 30 年。

因為儒家的符號意義，儒學可以在建設中國的話語權方面起到重要的作用。但是，如果儒學要扮演這個角色，儒學本身就需要現代化。我認為，儒學如果不能具有足

夠的開放性來包容和整合各種主要社會思潮，那麼儒學的發展空間並不大。儒學如何才能具備足夠的開放性？很簡單，中國需要儒者。目前的中國只有儒學研究者，但沒有儒者。要復興儒學，首先就需要儒者，大儒者。大儒者從何而來？ 這個問題和錢學森所問「為何中國沒有大師」的問題是一樣的。

文：隨着全球化的深入發展，民族國家之間的競爭並沒有偃旗息鼓，甚至我們可以說這種競爭可能更為殘酷。而這種競爭，不僅僅是在看得見的經濟、軍事方面，在約瑟夫‧奈提出「軟實力」的概念之後，國家在文化力量上的競爭也被揭示出來。如何塑造中國的軟實力，成為一個很現實的問題。我們也看到了很多中國的學者為此提出了很多主張和方案。我們也注意到，在革命的意識形態褪色之後，中國官方在對外的宣傳中，在着力將孔子的文化形象和儒學推出，似乎希望將儒學作為中國人的文化認同象徵。這種努力，在國外的反響如何？你認為，儒學在其中會扮演一種甚麼樣的角色？

鄭：看到民族國家之間的競爭趨向激烈這一點非常重要。硬力量的競爭從來就沒有停止，也不會停止。但硬力量的效用正在下降。在近代，硬力量是最重要的，因為國家間的優劣主要是一個國家能否在戰爭中勝出。到了冷

戰，進入核武器時代，美蘇兩國之間不僅在硬力量上競爭，主要表現在核武器等方面，而且也在軟力量方面競爭，表現為意識形態的競爭。冷戰後，硬力量的使用及其效用受到更大的限制。美國在世界各地（尤其是中東）的軍事勝利並沒有使它成為一個勝利者；相反，軍事上的勝利正在給它帶來無窮的負擔。美國的軟力量也不如從前。民主、自由、人權等都是其軟力量的核心。但當美國使用其霸權地位，使用各種方法向全世界推行美式民主的時候，其不再是軟力量。近年來其所推行的顏色革命，在取得了早期的勝利後，最近遇到很大的麻煩。硬力量和軟力量是相輔相成的，但如果沒有軟力量，硬力量的使用就沒有道德基礎。

當意識到軟力量的重要性之後，中國也在追求軟力量。但要明確意識到，重要的不僅僅是硬力量或者軟力量本身，而且更是使用的方法。就蘇聯來說，硬力量的軟性使用可以起到很好的效果，但軟力量的硬性使用倒沒有好的效果。

軟力量，顧名思義，就是人們自覺自願地接受。中國唐朝的文化能夠走向亞洲各國，不是政府推動的結果，而是人們自願接受的結果。很多本來屬於軟力量的東西，被政府來推動，就失去了軟性。無論是以意識形態的名

義還是以文化的名義，政府的作用是有限的。因此，中國如果要在國際社會推行軟力量，就必須考慮社會的力量。要明確的是，社會而非政府，是軟力量的載體。我想，儒學的復興及其國際影響力的擴大過程，社會應當起到主導作用。

文：近年來，民族主義在中國贏得了很多擁躉，儒學作為一種軟力量的來源，在一定意義上也與其相表裏。這是因為中國雖然在經濟上取得了巨大成就，但從文明競爭的角度來看，中國還處於極其弱小的地位，甚至可以説百餘年來，我們幾乎沒有取得甚麼值得稱道的成就。如你所説，硬力量與軟力量必須相輔相成，因此，沒有軟力量的大國是危險的。那麼，儒學是不是中國尋求軟力量的一種恰當選擇，除此之外，中國還有甚麼其他的選擇嗎？

鄭：民族主義在 20 世紀 90 年代之後在中國迅速崛起是有多方面的因素的。20 世紀 80 年代中國主動向西方學習。但在 1989 年之後，西方制裁中國，中國人開始反思。隨着中國本身的崛起，中國的文明自信心也開始恢復。這同時也是因為全球化。全球化在把中國整合進世界體系的同時也使得國人看到自己國家和其他國家的不同，這樣就比較容易建立自我認同。

但是民族主義絕對不是軟力量的基礎。民族主義產生於歐洲，在催生眾多歐洲主權國家的同時，也為歐洲帶來了無窮的災難，主要是戰爭。歐洲現在拋棄了民族主義的概念，又走向整合，歐盟是一個新型的帝國。民族主義傳播到其他國家之後，既有積極的作用，也有非常消極的作用。在德國和日本，民族主義變得非常具有侵略性。在發展中國家，民族主義在爭取民族獨立方面起到了積極的作用。但在多民族國家，民族主義也經常是國家分裂的主導性意識形態。

民族主義在近代中國的獨立和解放進程中也扮演了很重要的角色。從孫中山到蔣介石到毛澤東，盡管政治人物的意識形態可以有不同，但他們都是民族主義者，因為他們當時所面臨的政治任務是同一的，即建設一個統一和獨立的國家。

但我覺得民族主義是具有階段性任務的，並不是解決所有問題的良方。那種從西方進口的民族主義和中國的傳統精神剛好互相衝突。民族主義是排他性的，表現為封閉，而我們這裏所說的國學或者儒學是包容性的，表現為開放。我們可能需要回答一個問題：中國需要建立一個民族國家嗎？在和西方接觸以來，這幾乎是數代政治人物的理想目標。顧頡剛老先生曾經說過，傳統上，中

國的國家從來就沒有按照種族或者民族的原則（就是西方的民族主義原則）來組織過。民族、種族等因素在中國是存在的，但中國並不把它們作為組織國家的原則。組織中國傳統國家的是具有包容性和開放性的儒家。在孫中山先生那裏，民族主義也只有工具價值。因此，在推翻滿清皇朝之後，他就主張要「五族共和」。所以，不能無限制地抬高民族主義的價值。在多民族的中國，我們思考這個問題應當具有當代意義。實際上，美國也不是一個民族國家。美國是一個文化概念，而非宗族和民族概念。這在很大程度上和傳統中國一樣。我自己在想，從長遠看，中國要建立的應當是一個非民族國家，而不是民族國家。

在國際關係上也是一樣。中國硬力量的發展不可避免，但還沒有找到有效的軟力量來論證硬力量的合法性，或者來「軟化」硬力量。不過，民族主義絕對不是軟力量的一部分，而只會成為硬力量的一部分。自從民族主義產生之後，它已經為世界帶來了太多的災難。這種現象到現在還沒有停止。

當然，在主權國家時代，民族主義也不可能消失。但也有很多因素的產生來制約民族主義，例如包括物質和思想在內的區域主義和全球化。

這在一個側面也表明了很多因素都在支持儒家的復興。儒學的包容和開放性使得其有能力吸收和消化當今時代的各種主義（包括民族主義在內）。從這個意義上，一種轉型了的、具有現代性的儒學較之其他任何主義更能成為中國軟力量的核心。也可以這麼說，如果不能確立這樣一個核心，中國就內部說就很難找到立國之本，從外部說就不能回答自我認同的問題，也就是沒有東西可以和西方話語或者其他話語進行競爭。

本文最初發表在《文化縱橫》2010 年第 2 期

編輯：高超群